中外教育名著导读书系

陶行知的教育思想

何丹 著

吉林文史出版社有限责任公司

图书在版编目（CIP）数据

陶行知的教育思想 / 何丹著. —— 长春：吉林文史
出版社，2014.1（2025.9重印）
（中外教育名著导读书系）
ISBN 978-7-5472-1907-2

Ⅰ.①陶… Ⅱ.①何… Ⅲ.①陶行知（1891~1946）
－教育思想 Ⅳ.①G40-092.6

中国版本图书馆CIP数据核字(2014)第006541号

陶行知的教育思想

TAOXINGZHIDEJIAOYUSIXIANG

著者/何丹

责任编辑/高冰若

封面设计/李岩冰　董晓丽

印装/唐山富达印务有限公司

开本/720mm×1000mm　1/16

字数/170千字

印张/8.25

版次/2014年1月第1版　2025年9月第7次印刷

出版发行/吉林文史出版社

地址/长春市福祉大路5788号

书号/ISBN 978-7-5472-1907-2

定价/49.80元

目 录

第一部分
"捧着一颗心来，不带半根草去"
——陶行知生平介绍

一、家庭背景及早年求学经历

　　1892 年 11 月 16 日，陶行知出生在安徽省歙县西乡黄潭源村。歙县，位于安徽省东南部，新安江上游，地理位置优越，曾经是历史上徽州府所在地，集政治、经济、文化中心于一身。北宋时期，负有盛名的程朱理学在此诞生并且发扬光大。歙县同时还滋养了新安文化，是新安画派、新安医学、敫派篆刻、徽派园林建筑等等优秀文化的发源地。这里有着悠久历史和深厚儒家底蕴，孕育了众多的文人雅士。陶行知出生时，歙县依然保持着它浓郁的传统人文气息。

　　陶行知的原籍是浙江省绍兴府会稽县陶家堰，祖上系南朝田园诗人陶渊明的后代。陶行知原名陶文溶，是父亲为他取的，希冀他文采斐然、卓尔不群。大学时代，因受王阳明"知是行之始，行是知之成"思想的影响，他把自己的名字改为知行，后来在进行教育实践的过程中，逐渐认为"行而后知"，再次改名"行知"，从此一生未变。

　　陶行知出生前，父亲陶位朝在休宁县万安镇以经营"亨达观"酱园为生计。鸦片战争后，西方列强强势入侵，面向中国市场大肆倾销，而清政府对外软弱无能，对内却加紧盘剥，使得脆弱的农村经济濒临破产，店铺纷纷倒闭。在这样的局势下，由于家族子弟的挥霍浪费，酱园难以为继，不得不关门停业，其父只得回家务农。母亲曹翠伪是一个淳朴的农村劳动妇女，终日操持家务，还为人缝补浆洗，以贴补家用。双亲膝下原有两儿两女，但一男一女在幼年先后患病夭折。陶行知是在家庭极度艰难时期出生的。

　　在陶行知幼年时，考过秀才的陶父有足够的能力教他识字、习帖。陶行知深厚的传统文化根基从父亲那里受益匪浅。六岁时，西乡瑶村村蒙童馆方庶咸秀才发现陶行知喜欢对着不认识的字临摹并且有模有样，灵气逼人，但因家贫无力给付学费，就免费给他开蒙。九岁的时候，其父在休宁县万安镇谋得册书之职，管理当地的田赋档案，全家遂迁入万安镇。在外公、外婆的帮助下，陶行知得以到当地的吴而宽经馆做伴读。十一岁时，家境日益衰败，实在无法继续学业，陶行知只好回家，但在父亲的悉心教导下始终坚持自学。自学期间，他慕名向品行文章在当地颇受敬重的前清贡生、私塾教师王藻老先生请教，有感于他的好学精神，老先生免费指导他的学习。虽然陶行知"正规"的经馆教育时断时续，但这种学习一直持续了九年有余。在这期间，陶行知一方面感受着生活的困苦和艰辛，接受到淳朴的乡友亲朋的无私帮助，使他最初萌生了朴素的对于贫苦民众同情与热爱的感情；一方面他勤奋学习，加上陶父用自己扎实的传统文化功底悉心传授，为陶行知少年传统文化的掌握打下了坚实的基础。

陶行知少年时代，外国教会势力逐渐渗透到他的家乡。其母通过友人的介绍进入歙县的一所教会学校——崇一学堂做杂务。崇一学堂的校长是英国传教士唐进贤，唐进贤发现陶行知聪慧好学，就免费招他入读，自此，陶行知开始接受国文、英语、数理化等现代教育，并成为学堂中的佼佼者。在崇一学堂修习的两年中，陶行知从一个懵懂少年成长为一个开始思考民族苦难、国家兴亡的有志青年，在他宿舍的墙壁上，清晰地写着这样几个字——我是中国人，要为中国做贡献。

1907 年末，陶行知以优异的成绩从崇一学堂毕业。1908 年春，他投考广济医学堂志愿学医，并被顺利录取。一方面，选择学医，是当时中国许多知识分子共同的选择。他们认为国家之所以遭受欺凌，主要原因在于国人体质虚弱，于是把学医作为拯救民族危难的途径。另一方面，家庭成员的遭遇也直接诱发了陶行知的学医之志。他的姐姐和弟弟幼年生病未得救治而夭折，父亲吸食鸦片害垮了身体，这些对陶行知都产生了很大的影响。入校后，陶行知却发现，广济医学堂是一所教会学校，规定只有信仰基督教的学生才有参加两年医学实习的机会，非教徒学生则无此权利。这种不平等的规定使得陶行知在入学三天后就毅然退学。1909 年，他到苏州投奔表兄张志暴，在当地浸理学堂读书，为维持生计，经常打一些短工，艰难度日。穷困潦倒之际，陶行知戏剧性地遇见崇一学堂的校长唐进贤，在他的帮助和推荐下，考入南京汇文书院博习馆预科。第二年，汇文、宏育两书院合并，改称金陵大学，陶行知遂直接升入金大文科学习班。

金陵大学也是一所教会学校，学校偏重英文，对中文甚为轻视。校刊《金陵光》只有英文版，而不出中文版。在陶行知等人的倡议下，学生们要求出版中文版《金陵光》的呼声日益高涨。迫于压力，校方勉强同意只要找到合格的编辑人才就可以出版。陶行知具有深厚的国文功底，才华出众，在大家的推举下，他担负起了中文版校刊编辑的重任并陆续发表了多篇堪称石破天惊之作，彰显出他青年时期的爱国热情与救国抱负，以及勇于改革、善于创新的精神。在金大读书期间，他品学兼优，为人坦率正直、关心国事，积极参加社会工作，始终保持着奋发向上的精神，在同学中威信极高。

金陵大学当时有许多从日本学成归国任教的老师，他们都深受明治维新思潮的影响，积极向青年学生传播王阳明"知行合一"学说在日本倍受推崇、与欧美思想不分轩轾的情况，这在学生中引起巨大反响，掀起了学习"王学"的热潮。陶行知就是从这时开始认真研究阳明学说的，他深深为之倾倒，并把自己的名字由"文溶"改为"知行"，甚至他的大学毕业论文《共和精义》，都是以王阳明的《传习录》为思想基础的。

因为出身微寒，陶行知对当时中国人民的贫苦生活才体会得分外深切；正是因为他自身的求学经历，陶行知对教育建国、教育造民的信念才会坚定不移。不能不说，自幼养成的热爱劳动、热爱劳动人民的淳朴感情，青少年时期的活动和教育，共同奠定了陶行知日后始终能够以亲民、爱民、为民、胞与为怀的精神献身人民教育事业的思想基础。

二、赴美求学的经历

1911 年，即陶行知进入金陵大学学习的翌年 10 月，辛亥革命爆发，中国两千多年的封建帝制就此瓦解。此后，民主、共和的观念开始成为影响先进知识分子思考强国之路的一股不可抗拒的思潮。这种影响使得陶行知在大学期间阅读了大量有关欧美政治、文化、历史方面的著作，内心逐渐萌生了出国留学的想法。同时，庚子赔款也为陶行知选择出国留学提供了必要的环境准备。当时的美国在中国境内兴办了许多教会学校，并对中华民国的文化政策制定起到了不可低估的作用。1908 年，美方退还了义和团运动的部分赔款，中美两国协议决定，将其用于发展中国的教育事业，特别是派遣留学生赴美学习，从1909 到 1912 年，每年派遣 100 名留美学生，从 1913 年到 1929 年，每年派遣50 名留美学生，中方成立留美预备校，公费留学制度于是建立起来。另外，教会学校的特殊待遇为陶行知赴美求学提供了直接契机。当时就读教会学校的学生只要能够支付保证金就可申请出国留学，于是从 1910 年开始中国出现了留学热潮。金陵大学就是一所美国教会学校，具有把毕业生送往美国留学的资格。另一方面，当时的安徽省教育厅规定，凡属安徽籍的金大毕业生，如欲出国留学，均可获得官方奖学金资助。陶行知符合规定要求，得到了这笔资金。但是资金的数目有限，又通过向亲友借贷，终于凑齐了保证金。1914 年秋天，陶行知终于踏上了赴美求学的征途。

陶行知最初计划去哥伦比亚大学学习。但由于没有参加中国政府的留美预备校，而是通过教会学校自费出国，所以他不能享受政府奖学金，经济方面有很大的压力。而伊利诺伊大学所开设的政治学市政学专业可以为外国留学生免除学费并且提供奖学金，这迫使他不得不进入伊利诺伊大学学习。虽然更换了专业，但是陶行知学习教育学的志愿并没有改变，在伊利诺伊的第一学期，他就选择了教育行政学，1915 年夏学期他选择了教育评价基础、教育研究法、教育心理学讨论。

1915 年，陶行知写信给时任哥伦比亚大学师范学院院长罗素，表达了他渴望进入该校学习教育的愿望。陶行知立志投身于教育，一方面是主观上感受中西方教育差异的结果，这种西学东渐的文化势差使他急切地渴望改变中国落后的教育状况；一方面是客观环境的影响，当时中国正是教育发生巨变的时期，正需要引领教育改革的大批人才，这为许多胸怀报国志向的学生创造了契机，很多中国留学生在其他专业无处施展拳脚的社会条件下，纷纷投身教育改革，陶行知在当时的背景下感同身受，这也是他投身教育的原因之一；同时，在当时的美国，进步主义教育思潮正在掀起改革的热潮，它对于传统教育进行了开创性的批判，提出了很多先进的教育管理理念和管理手段，引发了全世界国家的注目，是吸引各国留学生学习的对象，陶行知进入哥伦比亚大学为他学习进步主义教育思想提供了充分的条件。非常幸运，陶行知在这时恰好获得了政府派遣"半费生"资格，可以领取"利文斯顿"奖学金，有了最低限度的生活保障。于是，1915 年 9 月，在取得伊利诺伊大学的政治学硕士学位后，陶行知转入哥伦比亚大学师范学院，去学习他梦寐以求的教育学。

哥伦比亚大学成立于 1754 年，初名皇家学院，1784 年更名为哥伦比亚学院，1912 年改称哥伦比亚大学至今。该校师范学院前身为纽约州立师范学校，于1898 年并入哥大。20 世纪 20 年代，随着美国教育改革的蓬勃兴起，哥大师范学院成为这一改革浪潮中的领军者，遂步入其早期发展史上的鼎盛时期。当时的师范学院可谓大师云集，如院长是著名学者罗素，研究院院长是教育史和比较教育学家孟禄，教育学系主任是实用主义的创始人杜威。此外，教育心理学家桑戴克、教育哲学家杜威的高足克伯屈、教育社会学家斯列丁及比较教育学家康德尔等进步主义的代表人物也都汇聚于此。他们在各自的领域不断探索创新，共同掀起美国进步主义教育运动，这使得哥伦比亚大学师范学院俨然成为当时一个现代教育圣地。[1]陶行知正是在这一时期进入哥大学习的，跟随斯特雷耶教授攻读教育行政。与他几乎同时转入哥大的还有后来成为中国学术界领袖人物的胡适，跟随杜威学习哲学。

虽然在哥伦比亚大学学习之初指导教师是斯特雷耶教授，但陶行知对杜威与克伯屈的实用主义教育哲学、孟禄的教育史学以及斯列丁的教育社会学进行了深入研究。因为陶行知的勤奋努力，杜威、孟禄、克伯屈等都很赏识这个中国学生，给了他很多指点和帮助。在这些教育大师的悉心教导下，陶行知系统学习了有关教育学的先进知识，且深受进步主义教育思潮的浸染，这为其日后的教育活动奠定了必要的理论基础。在哥大的两年，正是"哥伦比亚大学在学术界，尤其是哲学方面声望最高的时候。杜威那时也是他一生中最多产的时期"。哥伦比亚大学的进步教育思想，特别是杜威的"教育即生长"、"学校即社会"、"从做中学"等课程观念对陶行知产生了深刻影响。

虽然海外求学时期获得的西方教育经验与学术思想尚未完成本土转化，但是必须承认，陶行知赴美留学三年的勤奋刻苦与耳濡目染，对于他完成自身知识体系中有关西学的博采众长以及日后形成扎根民族土壤中的教育理论有极大的帮助。

三、归国后的教育活动

陶行知在哥伦比亚大学师范学院就读的第二学期，正值国内南京高等师范学院扩建发展成为国立综合性大学之际。负责人郭秉文早年也曾留美学习教育，恰好是在哥伦比亚大学师范学院学习，并成为该院第一个获得教育学博士学位的中国人。为筹备建校事宜，扩充师资，郭秉文亲自到哥伦比亚大学招募人才。陶行知本就有归国投身民族教育事业的迫切愿望，与郭氏会晤后，这一愿望更为强烈，在完成博士论文申请并通过口试后立即回国，成为扩建后的东南大学教育学教员，主讲《教育学》、《教育行政》、《教育统计》等课程，并于第二年升任教育专修科主

---

[1]　周洪宇.美国哥伦比亚大学师范学院与现代中国教育,教育评论(1).2001年第5期,57页.

任教员及代理教务主任。1919 年 10 月，因郭秉文擢升校长之职，陶行知正式成为国立东南大学教务主任，随即进行了一系列大刀阔斧的改革。

陶行知的改革是以适应实际需要为原则来进行的，许多措施在当时是开创中国教育史上先河的壮举。一是采用科学方法编制课程表，统筹安排，既使所有教室得到充分利用，又可适应临时调课的需要。二是允许男女同校。这一措施与蔡元培的公开谈话遥相呼应。北大于 1920 年初率先开创男女同校的先例。同年秋天，东南大学教育学院招收女生入学。三是开办暑期班，为社会各界有学习愿望的人服务。1918 年受江苏省教育厅委托，高师为该省培养了一批合格的县级视学，开创了高校为基础教育服务的先河。四是改教授法为教学法。陶行知认为教授法忽视了学生是学习的主体，忽视了学生能力的开发。先是苏州师范学校采纳了这一主张，随后，全国其他大中院校也相继改革，这一叫法一直沿用到今天。五是鼓励学生自治，锻炼解决实际问题的能力以适应社会的需要。

五四前后的陶行知一直积极传播杜威的思想学说。1918 年，东南大学教育专修科成立，陶行知担任专修科主任，大胆推行课程改革。首先改革的是该科附属小学，他把课程分为选修和必修两类，实行学分制，教学方法采用"设计教学法"和"道尔顿制"，成立课外活动班，满足学生的不同兴趣，并在班级设立学生自治委员会，用以培养学生解决问题的能力和独立性。对小学的改革可以说是对杜威实用主义思想的首次应用试验。高师的课程改革首先从丰富学科设置开始，《遗传学》、《生物学》、《实验心理学》、《教育统计学》等课程在当时是前沿学科，陶行知将其加入到教育学课程学习中。此外，教育专修科还聘请哥伦比亚大学师范学院的统计学及心理学教授麦克尔讲授《测验的编制及应用》，这是 20 世纪 20 年代世界最先进的教育科学研究方法课程，陈鹤琴、俞子夷等知名教授辅助教学，全国其他师范院校的教师纷纷前来听课，极大地提高了东南大学教育专修科的地位。此外，专修科不断上马集体科研项目，如制订课程标准、修订教材、编制心理测验等。

1921 年，中国教育界的一件大事是讨论制订新学制。陶行知作为中华教育改进社的代表全程参与了新学制的起草和制订。有关新学制的态度他立场鲜明，认为首先要适合国情，不可全盘照抄国外的学校系统设置。他批判国内兴学以来的学制"最初仿效泰西，继而学日本，民国四年取法德国，近年特生美国热；都非健全的趋向。学来学去，总是三不像"[1]。因此，他主张："我们应用科学

---

[1] 陶行知：《我们对于新草案应持之态度》，陶行知全集，第1卷[M].长沙，湖南教育出版社，1985.191.

的方法态度，考察社会个人之需要能力和各种生活事业必不可少之基础，修正出一个适用之学制。至于外国的经验，如有适用的，采取它；如不适用的，就回避它；本国以前的经验如有适用的，就保存它；如不适用，就除掉它。去与取，只问适不适，不问新和旧。能如此才能制成独创的学制——适合个性，适合事业学问需求的学制。"[1]

早在 1919 年，陶行知就参加了由北京大学、东南大学、暨南学校、江苏教育学会和中华职业教育社组成的"中华新教育改进社"。1921 年，新教育改进社与《新教育》杂志社和教育调查社合组成立"中华教育改进社"，杜威、孟禄为名誉董事，蔡元培、郭秉文等为董事，陶行知担任主任干事，具体负责一切社务，并于 1922 年夏辞去东南大学教育系主任，专心改进社事务。

为全面推进平民教育，陶行知与朱经农编写了《平民千字课》，编成后，陶行知请自己的妹妹和顾克彬、扬中明等在各地试教来检验教材，效果喜人。1923 年，商务印书馆出版《平民千字课》，很快售罄，由此可见，这本教材受欢迎的程度。《平民千字课》销量巨大，稿酬自然丰厚，但陶行知分文未取。姚采文先生回忆，商务印书馆曾送 1 万元版税给陶行知，陶行知的妹妹文淡女士因为家用不足，和哥哥商量留下 2500 元。陶行知却说："妹妹，你脑筋就缺这四分之一啊！如果加上这四分之一，不是更美好吗？"最后说服妹妹把全部酬劳都献给了平民教育事业。平民教育运动是陶行知对杜威实用主义继承创新的全新尝试，也是他胞与为怀之精神的生动体现。

此后，在 1925 年举行的中华教育改进社第四届年会上，陶行知把他对中国乡村教育的三次考察成果作为中心议题。会议一结束，他立即筹备建立乡村试验学校，争取早日"到农村去"。

从国内艰苦求学，到国外接受进步思想浸染，再到确立个人教育事业，是陶行知由杜威思想的翻版到逐渐摆脱照搬照抄思维模式的发展过程。陶行知回国走上事业舞台后所进行的教育改革尝试，虽然遭遇了许多保守势力的阻挠，但他坚持把西方教育理论运用到本土实践中，革故鼎新，并日益适应当时中国 85% 的同胞在乡村的现实，显示了他的批判精神、创新意识和改革勇气。为了中国教育事业的发展，陶行知长年累月在外奔波忙碌，连自己的生日都不记得，对家人更是很少顾及，甚至于过年都没有时间回家团聚。"东西南北路，一月一万里"、"上车过旧年，下车过新年"等诗句都是他辛苦奔波的真实写照。也正是因为他对教

---

[1]　陶行知：《在〈学制系统草案〉讨论会上的发言》，陶行知全集，第一卷[M].长沙，湖南教育出版社，1985.170.

育事业的投入、执着，才有后来中国教育史上的经典教育园地——晓庄师范。

1926年底，陶行知将教育实践转向农民，对南京、无锡等地进行考察，开始筹划开展乡村教育运动。同期拟定《中华教育改进社设立试验乡村师范学校第一院简章草案》，对学校的办学宗旨、培养目标、课程设置、院务安排、招生毕业与考试以及修业年限、费用等都做了详细的规定。

1926年12月31日，陶行知收到江苏省教育厅准许设立试验乡村师范学校第一院的复函。1927年2月，他在老山小庄选定校址，将其更名为"劳山晓庄"，"劳"指"活"的教育，在"劳力上劳心"；"晓"意喻"黑暗中的黎明"。此后，陶行知相继制订了通过董事会商议的形式，分别对学校组织、招生条件和董事会、会计以及计划预算的要求做了系统的阐述。晓庄师范学校在办学宗旨上，招收初中、高中、大学末年级生(最好具有农事或土木经验)加以特殊训练，使他们能够实施乡村教育并改造乡村生活。同时号召有志于发展农业生产力和农民自治力的在职教师投考。希望从乡村教育入手，寻找改造中国教育和社会出路，成为中国现代教育史上提倡乡村教育，兴办乡村学校的先行者。

陶行知以"自由办学"思想创建的晓庄师范学校，在度过三载春秋且本有继续发展壮大之趋势的情况下，终究不为当局所容。事情的直接起因是，"四·三"惨案发生后，晓庄学生与南京各校学生一起举行示威游行，声援工人罢工，抗议政府勾结帝国主义屠杀工人，最终迫使部分帝国主义国家接受复工条件，取得了示威游行的胜利。然而，这一爱国行动却刺激了蒋介石，他公开威胁要制裁晓庄。与此同时，陶行知始终坚持学生无错，认为他们的行动是合理的、爱国的、正义的。这一秉持原则的态度再次惹恼了蒋介石，1930年4月8日，他密令南京卫戍司令部封闭晓庄，陶行知也被通缉了。虽然，晓庄这块"自由之园"被当局勒令停办了，但晓庄精神的种子却在各地生根发芽，陶行知生活课程理论的继承人在各处传播着他的思想，践行他的理念。晓庄的校友陈宏韬曾不无自豪地说："晓庄，学生没有毕业的期限，也不发毕业证书。同学们离开母校走上工作岗位，如果工作的单位需要缴验证件，学校也会同意发给学历证书。不过这样的情况是很少的。因为那时的晓庄，已在国内颇负盛名了。每到寒暑假，全国各省、市、县的教育单位，邀请晓庄同学前去服务的函电，好似雪片纷纷飞来。只见事来找人，没有人去找事。"[1]

1931年春陶行知回国，从事科学普及教育，开展"科学下嫁"活动，编辑了

---

[1] 陈宏韬：《忆晓庄念陶师》，童富勇，胡国枢.陶行知评传[M].北京：教育科学出版社，1991.165.

许多科普读物，1932 年在上海郊区大场创办山海工学团，力图将工场、学校、社会打成一片，以达到普及教育。

1935 年"一二·九"运动爆发后，陶行知积极参与抗日救亡运动，与宋庆龄、何香凝、马相伯、沈钧儒等 800 余人联合发表《上海文化界救国运动宣言》。1936 年 2 月 23 日，国难教育社成立，他被选为理事长，开展国难教育运动。7 月初，全国各界救国会决定委托陶行知趁出席世界教育会议之便，前往欧美亚非等 28 国宣传抗日救国，发动侨胞共赴国难，并出席在英国伦敦召开的世界新教育会议第七届会议。8 月底到 9 月初，陶行知赴瑞士日内瓦出席世界青年大会。9 月，参加在比利时首都布鲁塞尔召开的世界和平大会，陶行知被推举为中国代表团主席和中国执行委员。1938 年夏回国，陶行知被选为国民参政员，积极呼吁战时教育。12 月，生活教育社在广西桂林正式成立，他被推选为理事长。

1938 年，出访 26 国宣讲中国抗日主张的陶行知返抵香港，发布了归国三愿，其中一愿就是开办一所难童学校，培养人才幼苗。

20 世纪 30 年代后期，中国抗日战争进入全面攻坚阶段，国家处于极度的战乱与动荡之中。全国各地布满了流离失所、无家可归的流浪儿童。这些在战争时期丧失了受教育机会的孩子，不乏许多有特殊才能的人。在抗日和建国过程中急需人才的时期，这些儿童得不到及时的培养，将是一个沉重的代价。

1939 年 1 月，陶行知在香港召开了原晓庄学院董事会议，会议决定成立育才学校，专门致力于培养难童中的人才。会议还通过了育才学校的办学章程和计划书，将原来的晓庄学院董事会改为育才学校董事会。在抗战时期，重庆的北碚地区成为一个新兴的文化区，陶行知将育才学校校址选在距北碚三十里外的草街子镇凤凰山。

1939 年 7 月，育才学院举行了开学典礼，至正式上课有学生 71 人，到 1940 年 5 月，全校学生有 168 人，分为戏剧、音乐、绘画、文学、社会、自然六个专科学习组，它是抗战后的一间新设立的学校，它的宗旨是培养聪颖优秀的难童，给予以基础和特科的教育，让他们成为现在抗战的小力量及未来建国的专门人才。到 1945 年抗战胜利前夕，学生发展到近 400 人。

1945 年，陶行知在中国民主同盟第一次全国代表大会上当选为中央执行委员、中央常务委员，任民主教育委员会主任。他积极投身反内战、反独裁、争取和平民主的斗争，积极倡导民主教育。

　　1946 年 1 月，他与李公朴、史良在重庆创办社会大学。其目的是使广大的失学青年有受高等教育的机会，提倡人格教育、知识教育、组织教育和技术教育并举。4 月，他离开重庆到上海大办教育事业。6 月 23 日，在上海北站十万群众欢送赴京请愿代表大会上，担任大会主席，陶行知发表著名演说，要求和平，反对内战。7 月，民主战士李公朴、闻一多先后被害。陶行知说，"我等着第二枪"。12 日，在沪江大学做最后一次讲演：《新中国之教育》。21 日，写下了最后一首诗《祭邹韬奋先生文》。他面对敌人威胁，无私无畏，视死如归。在上海最后两个月里做了百余次演讲，充分表达了广大人民反内战、反独裁、要民主、要和平的意志。7 月 24 日，他至友人处，与之畅谈时局，接着连夜整理历年诗稿。翌日 (25 日) 凌晨，终因劳累过度，刺激过深，致脑溢血，不幸溘然长逝，终年55 岁。

　　陶行知一生的教育思想和教育理论主要有：平民教育思想、生活教育理论、乡村师范教育思想、普及教育思想、创造教育思想、民主教育理论等主要理论体系，由此可知江泽民同志说的"陶行知先生著述宏富，论述精当"的确切含义。

　　陶行知先生一生的教育著作和教育思想丰富而浩瀚，他的教育代表作有《中国教育改造》、《教学做合一讨论集》、《普及教育》、《中国大众教育问题》、《普及现代生活教育之路及其方案》《怎样做小先生》《育才学校手册》《行知教育文选》、《陶行知论普及教育》、《陶行知论乡村教育改造》、《陶行知论师范教育》等，经后人整理主要收集在《陶行知全集》(8 卷本,湘版)《陶行知全集》(12 卷本,川版)、《陶行知教育论著选》、《陶行知教育文选》里。

第二部分
"以科学之方，新教育之事"
——陶行知的教育改造思想

1914年陶行知赴美留学。在哥伦比亚求学期间，由于陶行知的勤奋好学，故此深受杜威、孟禄、克伯屈等任课教师的器重。其中，对陶行知思想影响最大的当属杜威。

在世界近代教育史上，杜威是20世纪上半叶一位杰出的教育家、思想家，一向被人们看作"美国进步教育运动及20世纪前半期教育革新的杰出思想家"。由于他站在哲学、社会学的高度来思考教育问题的无人可比性，使得他的理论对今天的教育改革仍有指导意义。作为杜威的学生，毫无疑问，杜威的教育思想对陶行知产生了直接而深刻的影响。考察杜威与陶行知之间教育思想理论的传承，其中最明显、最突出的部分之一，就是表现在教育的革新精神上。"反传统"是杜威教育思想理论的主要特色之一。同样，这种"反传统"也是陶行知用作建立教育思想理论的指导原则之一。

留学时期乃至归国直到五四前后的陶行知，把杜威的思想作为解决中国教育问题的圣经，在思想上完全继承实用主义的理论并深信不疑。陶行知在后来回忆自己与杜威思想的继承关系时，曾经坦率地承认，回国之初的教育实践是全盘照搬实用主义教育经验的。1918年，中国教育界联合邀请杜威来华讲学，陶行知几次致函胡适商量接待事宜，并在报刊杂志撰文介绍杜威生平学说，一时间掀起国内学习杜威教育思想的热潮。在他看来，"杜威先生素来所主张的，是拿平民主义做教育目的，试验主义做教学方法。这次来东亚，必定与我们教育的基本改革有密切关系"。足见这时的陶行知是杜威思想的忠实追随者，而且把中国教育改革的前途与杜威学说紧密联系，对杜氏寄予厚望。因此，在陶行知早期的教育活动中，介绍、传播杜威的教育思想是其活动中的一个重要部分。

另一方面，20世纪早期人们对教育研究和教育学术的兴趣日益浓厚。首先，19世纪后期和20世纪早期，公立学校的迅速发展使教育成为公众讨论的话题并导致了对教育理论的探究和对教育实践的关注。杜威等倡导的进步主义教育运动就是在这一时期兴起的。其次，19 世纪 80 年代以后，许多公立和私立大学及其他高级研究组织机构的建立，为教育研究提供了阵地。再次，对教育问题的探索是美国人的科学探索精神在教育领域中的体现。教育研究中的一个重要标志就是"教育科学运动"的开展。20 世纪早期，"教育科学运动"开始形成。其早期的代表人物是桑代克，他的工作具有心理学和统计学基础，他认为人的行为是可以进行客观研究的，人的本质的客观性使得对人的心理和行为的研究可以成为数量化科学。

陶行知从美国进步主义教育思潮引起的教育实验中吸收了诸多经验。他凭借自己的敏锐观察力和对先进方法的敏感性，通过在美国新型学校里的教育实习，获得了诸多不同于中国的教育思想，这些教育思想成为他回国任教早期开展教育改革的直接参照，并在中国大力推广。他在美国观察到几乎所有著名大学都有教育试验基地，这使他归国后极力推行试验主义这场运动。

陶行知的可贵，在于他具有开拓创新精神，富于理论创造的热情。他没有仅仅停留在简单地介绍或应用西方的教育理论上。

陶行知认为，中国教育已经到了山穷水尽的地步，必须寻找一条生路，他从对传统旧教育进行批判和破除入手，不断改变教育观念，不断探索新的教育问题，孜孜不倦地寻找适合于中国实际的教育之路。

陶行知留学回国发表了一系列文章，他比较注重以杜威实用主义哲学为指导来思考现实教育问题。他撰写了关于介绍西方教育改革思想及方法的《试验主义之教育方法》、《介绍杜威先生的教育学说》、《试验主义与新教育》、《试验教育的实施》等文章。然而，他没有仅仅停留在介绍和应用当时西方先进的教育理念上，他结合中国实际，撰写了《思想的母亲》、《教育研究法》、《以科学之方，新教育之事》、《教育与科学方法》、《教育改进》、《中国教育政策之商榷》、《目前中国教育的两条路线》、《新教育》等关于改革教育的文章。

一、教育变革的重要性

20 世纪初，是中国各种教育思潮风起云涌，各种教育运动蓬勃兴起的时期。陶行知首先在《教育与科学方法》中强调了教育变革的重要性：

夫教育之真理无穷，能发明之则常新，不能发明之则常旧。有发明之力者虽旧必新；无发明之力者虽新必旧。故新教育之所以新，旧教育之所以旧，亦视其发明能力之如何耳。[1]（《以科学之方，新教育之事》）

什么样的教育是新教育？能够不断地自我改造，经常能有所创新的教育就是新的教育。如果失去了创新能力，就会成为旧教育。如果教育有自我改造，自我创新的能力，虽然是旧的教育，但总会有一天成为先进的教育；而失去了自我创新的能力，虽然号称是新教育，也注定会变为落后的教育。所以教育是新的教育还是旧的教育，要看它是否具有创新的能力。陶行知说：

夫国之盛衰，视乎教育；而教育之新旧，视乎研究守陈之法而不革，拘故步而自封，则亦造成旧国，不适于新势而已。……假教育之名，而肆其政治之愿者，不乏其人，则虽置身教育之场，而其意不属，以为用役之才将操纵于天下，教育界不过其逆旅耳。逆旅之兴替，岂足当过客之盼哉？则教育之利害兴革，又岂若人之事哉？斯亦不足责矣！此政客之教育家，无补于事者一也。

唯有以科学之方，新教育之事，庶几可耳！参酌古今，辨析豪芒，躬验体察，条理秩然，终身以之，勤劬专一，斯真教育之人矣。[2]（《以科学之方，新教育之事》）

二、教育变革中存在的问题

陶行知针对当时的教育改革，在《试验主义与新教育》中提出了教育改革中存在的问题。他分析了教育改革中存在的问题，列出了五方面的错误观念：

（一）依赖天工

陶行知论述的第一个问题就是安于现状，不肯变革。持这种思想的人认为教育改革的成功与否不是人力所能为的，而是取决于"气数"。教育中出现问题，不是教育自身所能解决的。这其实是在推卸责任，不愿承担教育改革的责任，也是面对教育中出现的问题不愿解决时的托辞。在这段论述中，陶行知引用了荀子的话来阐述了教育变革精神的关键，就是从事教育改革的人不能为环境所左右，要敢于不断地探索、尝试。这样才能保持教育的创新。陶行知说：

一曰依赖天工。彼依赖天工者，待天垂象，俟物示征，成败利钝，皆委于气数。

---

[1] 顾明远，边守正主编.陶行知选集，第1卷[M].北京：教育科学出版社，2011.7.
[2] 顾明远，边守正主编.陶行知选集，第1卷[M].北京：教育科学出版社，2011.38.

究其流弊，则以有限之时间，逐不可必得之因果，是役于物而制于天也，安得不为所困哉？困即无处新之力矣。敬其有之，或出于偶然。即有常矣，或所示者吝，吾又安能穷其极而启其新耶？荀子曰："大天而思之，孰与物畜而制之？从天而颂之，孰与制天而用之？因物而多之，孰与骋能而化之？思物而物之，孰与理物而勿失之也？"此数语可谓中试验精神之窍要矣。盖善试验者役物而不为物所役；制天而不为天所制。唯其以人力胜天工，故能探其奥蕴。常保其新焉。[1]（《试验主义与新教育》）

（二）沿袭陈法

第二个问题是沿用旧的方法。做任何一件事情，都要找先例。如果有先例，虽是错的也要依照它来做；如果找不到先例，即使是好的也不敢实行。可是，形势发生变化，教育所面对的问题也不同了，方法也应当发生变化。所以适用于过去的未必适合现在。用古人的方法解决现在的问题，怎么能进步？教育要想进步，必须先要试验，这样才能有自我创新的能力。具有创造力，才能有所发现；能丢掉旧的方法，教育才能有所创新。陶行知说：

二曰沿袭陈法。彼泥古之人，以仍旧贯为能事。行一事，措一词，必求先例。有例可援，虽害不问；无例可援，虽善不行。然今昔时势不同，问题亦异。问题既异，方法当殊。故适于昔者未必适于今。徒执古人之规，以解决今日问题，则圆枘方凿，不能相容，何能求其进步也？故欲求教育刷新进步，必先有试验，以养成其自得之能力。能自得，始能发明；能发明，则陈法自去，教育自新矣。[2]（《试验主义与新教育》）

我们在教育中，并不是不注重经验，不重视前人的研究成果，但如果只依据经验或旧的方法、理论，没有创新，那么，教育就永远不能符合时代发展的要求，不能根据形势的变化做出相应的改变。经验有时能够发挥巨大的作用，有时却又无法起到相应的作用，所以，如果不能根据具体情况来决策，就会铸成大错，世界各国的历史和现实中不乏其例。中国历史上著名的"长平之战"中的赵国主将赵括只会纸上谈兵，缺乏实战经验，从而导致其所率的40万大军被秦国主将白起所率军队围困消灭。教育改革，既要参考已有的理论，更为重要的是需要根据实际情况灵活运用理论。

---

[1] 顾明远，边守正主编.陶行知选集，第1卷[M].北京：教育科学出版社，2011.7.

[2] 顾明远，边守正主编.陶行知选集，第1卷[M].北京：教育科学出版社，2011.8.

（三）率任己意

教育是科学，必须要认真学习才能有所成就。我们从事教育的人，如果只是依靠自己的经验或一时的兴趣，那么教育改革是很难有所成效的。我们经常可以看到某些教育者，他们或是没有任何实践经验，凭空设想教育应该怎么办；或一知半解，武断地决策教育问题；甚至于并不想真正解决教育问题，而是抱着不了了之的态度。这些都让教育没有了创新的希望。因此，我们的教育要真正地创新，所设想的必须有相关的理论支撑，决策时必须有对相关事实的充分了解，必须认真寻求解决问题的途径。只有这样，我们的教育才能适应时代发展的要求。陶行知说：

> 三曰率任己意。教育为一种专门事业，必学焉而后成。然从事教育之人，偏欲凭一己一时之意，以定进行之趋向。故思而不学，凭空构想者有之；一知半解，武断从事者有之；甚至昧于解决，以不了了之者亦有之。空想则无新可见；武断则绝自新之路程；不了了之，则直无新之希望矣。欲救斯弊，必使所思者皆有所凭，所断者皆有所据；困难之来，必设法求所以解决之，约束之，利用之，凡此皆试验之道也。[1]
> （《试验主义与新教育》）

议论的多，研究的少。这种现象不仅仅存在于陶行知生活的年代，在今天的教育变革或教育研究中我们也经常看到。看看我们的教育理论刊物，所刊载的论文大多是议论、感想或意见，而不是研究。议论是指人们根据教育问题有感而发，是作者的感想、体会或建议，作者常用的话是"我认为"。这些是重要的，但这些不是教育研究。研究要经过理论假设、论证假设、得出结论等一系列的过程。我们在了解教育中真正存在着哪些问题，寻求解决问题的正确方法，就不能仅凭自己的想当然来做。盲目学习外国的经验固然不对，仅凭个人的空想更是错误的。我们教育界的许多研究者不关注国内外同行的研究成果，对别人的研究成果视而不见，自己有些新的见解就认为是"国内领先"或"国际前沿"，却不知道自己的观点可能是别人早已经提出的，自己不过在炒别人的剩饭。这也直接导致了我们的教育界没有形成什么学术流派，更没有出现在世界上有影响的学者。

---

[1]　顾明远，边守正主编.陶行知选集，第1卷[M].北京：教育科学出版社，2011.8.

（四）仪型他国

第四个问题是盲目借鉴外国经验。当时中国教育界的部分人士以追求洋化教育为荣，动辄借用西方理论来解决中国问题，生搬硬套，牵强附会。对于这种弊端，陶行知呼吁当时的教育界突破外来模式的束缚，并多次进行批判，指出其错误所在。他认为那些被称作新人物的人，动不动就把照搬别国的教育制度作为能事，一般人看见这样的人竟然还把他们叫作新人物。而实际上这些新人物引进的事物真的是新的吗？陶行知分析道，一个新事物被发明以后，一定会先保密，等到秘密公开，不知已过了多少年，等传到别国，又会经历许多年。况且，对于照搬别国经验者来说，很可能会出现误解，以错传错，这种危害不浅。就算是理解正确，传播也需要很长时间，恐怕到时候我们认为新的事物，在别国那里已经落后了。此外，中国和外国的国情有相同之处更有不同之处，相同的情况下，自然可用他山之石攻玉；不同的情况下，适合别国的未必适合我国。中国的教育中应该有而没有的，或应该没有却出现了的，随处可见。原因就在于盲目借鉴外国经验。

四曰仪型他国。今之号称新人物者，辄以仪型外国制度为能事，而一般人士，见有能仪型外国者，亦辄谓为新人物。虽然，彼岂真能新哉？夫一物之发明，先多守秘密。自秘密以迄于公布，须历几何时？自公布以迄于外传，又须历几何时？况吾所仪型者，或出于误会。以误传误，为害非浅。即得其真相，而辗转传述，多需时日，恐吾人之所谓新者，他人已以为旧矣。不特此也。中外情形有同者，有不同者。同者借镜。他山之石，固可攻玉。不同者而效焉，则适于外者未必适于中。试一观今日国中之教育，应有而无，应无而有者，比比皆是。此非仪型外国之过欤？若能实心试验，则特别发明，足以自用。公共原理，足以教人。教育之进步，可操左券矣。[1]（《试验主义与新教育》）

关于仪型他国的问题，陶行知在另一篇《教育与科学方法》中进一步进行了分析。他分析了当时我国办教育盲目借鉴外国经验的现象：先是仿效日本，之后又仿效德国，后来又仿效美国。实际上，日本、德国、美国和中国都有各自的问题，解决方法各不相同，如果照搬别国的经验，那我们自己的问题永远无法解决。另外，任何的先进理论或技术发明从产生到应用再到传播开来，都会经历一段时间。

---

[1] 顾明远，边守正主编.陶行知选集，第1卷[M].北京：教育科学出版社，2011.8.

这才是当时中国的教育国情，任何其他外国教育模式都不适用于解决劳苦大众的教育难题，只有立足于自身特点，才能找到有效的教育路径。他说：

> 有的人依外国的方法来解决问题：日本怎样办教育，我们也怎样办教育；德国怎样办，我们也怎样办；美国怎样办，我们也怎样办。这种解决也是不对的。因为人家发明之后，未必公开，或不愿公开。从不愿公开到公开，已经若干时间，再从公开到中国，我们刚以为新，不知人家早已为旧了。[1] (《教育与科学方法》)

最后，我们看看陶行知是如何批评那些动辄仪型外国学校教育制度的所谓"新人物者"的：

> 现在有一点我们应当注意的，就是以前的教育，都是像拉东洋车一样。自各国回来的留学生，都把他们在外国学来的教育制度拉到中国来，不问适合国情与否，只以为这是文明国家的时髦物品，都装在东洋车里拉过来，再硬灌在天真烂漫的儿童的心坎里，这样儿童们都给他弄得不死不活了，中国亦就给他做得奄奄一息了！我以前也是把外国教育制度拉到中国来的东洋车夫之一，不过我现在觉到这是害国害民的事，是万万做不得的。吾国办教育的人，多半是为外国教育制度拉东洋车，一国拉厌了，又换一国，到底是拉来干吗？我们应当觉悟，唯独用科学的方法，才能建设适合国情的教育。[2] (《教育与科学方法》)

（五）偶尔尝试

任何一种新的理论出现时，一定会有人因为慕其名而效仿，但往往模仿的是形式而忽略了对其内在实质的了解，徒有其形而无其实。这样的改革，往往因其形似而丧失了其本意。这样的改革错误以为教育实验就是尝试。没有详细的计划，没有明确的方法，新的教育政策还没有制订出来，就已经半途而废了。真正的教育实验，是有计划，有方法的。当然，出现阻力也是正常的。失败之后，要再接再厉。不管这样的教育改革是否成功，俱一定能够促进教育的进步。这不是那些简单的尝试一下就放弃的人所能比的。陶行知说：

> 五曰偶尔尝试。当一主义发生之时，必有人焉慕其美名而失失其意。其弊也，弥近似而大乱真。用进人不察，误认试验为尝试。计划不确，方法无定，新猷未出，已中途而废矣。彼真试验者则不然。必也有计划，有方法，视阻力为当然。失败为难

[1] 顾明远，边守正主编.陶行知选集，第1卷[M].北京：教育科学出版社，2011.97.
[2] 顾明远，边守正主编.陶行知选集，第1卷[M].北京：教育科学出版社，2011.99.

免，具百折不回之气概。再接再厉之精神。成败虽未，然世界实由此而进步，教育亦由此而进步。此岂持尝试之见者所可能哉。[1]（《试验主义与新教育》）

实验是教育改革的关键。尤其是对重大教育改革的进行，仅仅依靠经验是绝对不够的，实验的方法有助于优选更合适的教育。就是把各种备选方案进行实验或模拟实验，看哪一种方案更有效。对重大的教育决策往往需要进行试点，例如我国的校长负责制起初就是进行试点，后来才大面积地推广。再如我国基础教育领域开展的"新课程改革"也是先在实验区进行。在过去相当长的时间内，由于种种外部干扰及政治运动，我国缺乏长期系统的教育实验，难以形成有说服力的、有科学根据、能指导教育实践的理论。前苏联赞克夫的小学教学新体系搞了20年的实验；瑞典1962年公布的中小学教育法令也是经过20年的时间才公布的。

陶行知在批判错误思想的基础上，强调教育改革者要有教育变革的能力，更要有百折不回的精神，这样教育改革才有成功的可能。

盖凡天下之物，莫不有赖于其所处之境况，境况不同，象征自异。故欲致知穷理，必先约束其境况，而号召其象征，然后效用乃能发现。

吾国办学十余年，形式上虽不无可观，而教育进化之根本方法，则无人过问。故拘于古法，而徒仍旧贯者有之；莫于新厅，而专事仪器者有之。否则思而不学，凭空构想，一知半解，武断从事。即不然，则朝令夕罢，偶尔尝试。……仍旧贯，只见温故；仪型他国，则吾人以为新，他人以为旧矣。空想无新可见，武断绝自新之路，尝试则新未出而已中途而废矣。何怪乎吾国教育之不振也！故教育之刷新，非实行试验方法不为功。盖能试验，则能自树立；能自树立，则能发古人所未发，明今人所未明。人将师我，岂唯进步已哉？若徒因人成事，逐世浮沉，则人进一尺，我进一寸；人退一寸，我退一尺。

知其要而无其才，不足以言试验；有其才而无百折不回之气概，犹不足以言试验也！故试验者，当内省其才，外度其势；视阻力为当然，失败为难免；复贯以再接再厉之精神，然后功可成也。[2]（《试验主义之教育方法》）

---

[1] 顾明远，边守正主编.陶行知选集，第1卷[M].北京：教育科学出版社，2011.9.

[2] 顾明远，边守正主编.陶行知选集，第1卷[M].北京：教育科学出版社，2011.2.

三、试验教育的实施策略

（一）试验的心理学

第一个实施策略是注重将心理学应用到教育上。陶行知认识到，心理学是一切教学方法的根源，要想在教学上进步，必须注重心理学的应用。中国当时各级师范学校虽然也教授心理学，但要么是偏重于理论知识的学习，与实际联系较少；要么是偏重主观的研究。这样导致的结果是我们在教学上取得的成果，因为无法上升到理论层面而影响其推广和运用。同时，如果心理学知识匮乏，教师也无法明确知道自己的教学中存在问题的原因。因此，各级师范学校都应配置相应的心理学设备，使教师和学生都有机会进行实验。然后再依据心理学开展的教育才能落到实处。

陶行知认为，教育注意试验的心理学，他说：

心理学是一切教学方法的根据，要想在教学上求进步，必须在心理学上注意试验。现在中国各级师范学校所教的心理学，不是偏重书本的知识，就是偏重主观的研究。推其结果，不独没有发明，就是所教所学的，也是难于明了。所以现在第一要事，就须提倡试验的心理学。大学校的教育科和高等师范学校，都应当设备相当的心理学仪器。至于初级师范学校，都应当设备相当的心理学仪器。至于初级师范学校，也应当拣那必不可少的设备起来，使教员学生都有试验的机会。心理学有了试验，然后那依据心理的教育也就不致蹈空。[1]（《试验教育的实施》）

（二）试验的学校

第二个策略，陶行知强调要为教育改革设立实验校。为什么要设立试验的学校？因为现有学校有固定的教学形式、目的和方法，缺乏变通的余地。怎么能发现新的教育理论？即使是师范学校的附属学校，是为教育实习或建设模范学校而设的，而为教育实验设的学校就没有了。因此，全国实行的课程、管理、教学、设备究竟是否适当，既无人过问，也无从问起。因此，师范学校及教育研究机构，应当注重为教育实验所需的附属学校。地方教育机构也应该按当地的实际情况，选择几个学校作为实验的中心点。教育实验的时候，只要有人和详细的计划，随

---

[1]　顾明远，边守正主编.陶行知选集，第1卷[M].北京：教育科学出版社，2011.14.

便什么学校，如果满足这两个条件，就可以进行教育。如果没有合适的人，又没有详细的计划，只能算是尝试，而不是真正的实验。

　　我们现在所有的学校，大概都是按着一定的格式办的，目的有规定，方法有规定。变通的余地既然很少，新理安能发现？就以师范学校的附属学校而论，有为实地教授设的，也有为模范设的，但为试验教育原理设的，简直可以说没有。所以全国实行的课程、管理、教学、设备究竟是否适当，无人过问，也无从问起。为今之计，凡是师范学校及研究教育的机关，都应当注重试验的附属学校；地方也应当按着特别情形，选择几个学校，做试验的中心点。不过试验的时候，第一要得人，第二要有缜密的计划。随便什么学校，如果合乎这两个条件，就须撤销一切障碍，使它得以自由试验。如不得其人，又无缜密的计划，那仍是轻于尝试，不是真正的试验。[1]（《试验教育的实施》）

　　我们以晓庄师范为例，可以看到试验的学校的作用。晓庄师范坐落于南京郊区神策门外，是陶行知试验生活课程理论的第一个基地。陶行知在晓庄师范就开创了一个不同以往的办学经验——成立试验性的"中心小学"。陶行知认为师范学校的要务是通过优良小学来培养学生，使他们在走出学校后能将训练所得的办法经验推广流传下去，而晓庄师范作为一所试验乡村学校，肩负着传播教育新精神、新方法的使命。所以，他依照教学做合一的原理，设计出一种新型的不再是师范学校附属品而是教育试验中心的小学，称为"中心小学"。在晓庄师范简章草案中，校长陶行知就定下"本校教育以中心学校生活为训练中心"的原则，1927年6月，第一批中心小学正式纳入师范教育体系。中心小学围绕乡村实际生活开展教学做活动，同时又是晓庄师范的试验中心，这打破了以往附属小学只是供师范生实习之用的传统观念，从而大大提高了晓庄的办学水平。

（三）统计法在教育研究中的应用

　　第三个策略是统计法的应用。我们不能仅仅从字面来理解，陶行知在这里所谈到的统计法，并不单纯地指教育统计学在教育实验中的应用，而应该是今天我们所讲的教育调查法。一方面，陶行知重视教育改革中教育调查的作用，后来有两篇文章论及使用教育调查的方法及重要性，即《都市教育调查法之商榷》和《在实际教育调查社为孟禄举行的饯别会上的讲话》。另一方面，陶行知不仅在理论

[1]　顾明远，边守正主编.陶行知选集，第1卷[M].北京：教育科学出版社，2011.14.

上重视教育调查，在实践中也重视其应用。1917年夏，刚刚回国担任东南大学教育系教授的陶行知，曾用半年时间考察了当时中国的教育状况。之后，1921年孟禄来华访问期间，他又组织教育调查团，陪同孟禄考察上海、南京、福建、广东等地的教育现状。而《在实际教育调查社为孟禄举行的饯别会上的讲话》就是对这次教育调查的总结。1922年，陶行知担任中华教育改进社主任干事，在此期间再次组织对全国教育状况进行系统调查。他的这些考察活动，使他对当时中国教育的现状有了深入的了解。陶行知的教育实践能够对中国近现代教育产生重大的影响，和他重视教育调查，对中国教育的状况有着密切的关系。

陶行知在这里谈到，教育变革，不能仅凭个人主观臆测来决定的，也不能因为偶然的一件事而决定。教育理念的形成，必须按着教育目的，将收集的相关问题的资料进行整理、分类再进行分析，才能下判断。统计法即是辅助实验的工具，也是建设新教育的利器。研究教育的人，如果熟悉统计的方法，对教育实验会有很大的帮助。因此，教育研究机构，应按不同的程度，设计统计法课程，使从事教育研究的人能获得一个操纵事实的利器。

教育的原则，不是定于一人的私见，也不是定于一事的偶然。发明教育原理的，必须按着一个目的，将千万的事实征集起来，分类起来，表列起来，再把它们的真相关系一齐发现起来，然后乃能下判断。这种方法，就叫作统计法。试验教育是个很繁杂的事体，有了这种方法，才能以简驭繁，所以统计法是辅助试验的一种利器，也是建设新教育的一种利器。研究教育的人，果能把这个法子学在脑里，带在身边，必定是受用无穷的。所以研究教育的机关，就须按着程度的高下，加入相当分量的统计法，列为正课，使那从事研究的人，能得一个操纵事实的利器。[1]（《试验教育的实施》）

陶行知重视教育调查并积极地将这种方法介绍到中国来，和他在美国求学期间教育调查在美国的发展有着密切的关系。在近代教育史上，最早将调查法用于教育研究的是1910年由一位美国学者主持的为期一周的关于地区学校制度的调查，接着是1911-1921年哈佛大学的韩纳士为新泽西州两个地区所做的学校调查。陶行知在美国求学时期，正是调查法在美国迅速发展的时期。这一时期，不仅有个人主持的调查，而且有由各州、县、局团体主持的较大型调查。在这一时期的教育调查中，开始对调查材料计算分布情况，计算众数、平均数、中数，看集中

---

[1] 顾明远，边守正主编.陶行知选集，第1卷[M].北京：教育科学出版社，2011.15.

的趋势，用统计法加以整理。

重视教育调查法的应用，在今天的教育改革中仍然有着重要的意义。首先，教育调查可以帮助我们揭露教育发展中现实存在的问题，暴露矛盾，通过不断解决教育内外部各种矛盾而促进教育的发展。我们通过调查搜集的资料越完整，越能够发现问题，依据问题的性质和重要程度、急迫程度确定行为方向，进而针对解决问题的要求形成所要达到的行动目标，用目标来界定问题的解决途径。其次，我们在制订一项教育政策前，必须要搜集教育现象的事实材料，以充足的事实为依据，采取严密的逻辑思维方式，按照事物的内在联系进行系统分析和计算，遵循科学程序，这样才能为各级教育行政部门制定政策、法令、法规和制订教育发展计划提供依据。

（四）试验的教学法

最后一点，陶行知强调要注意教学方法的改革试验，最重要的是如何养成学生独立思考的能力。陶行知认为赫尔巴特的五段教学法过于偏重形式。陶行知以杜威的思想作为指导思想，强调培养学生的问题意识及学会解决问题的方法。发现问题、分析问题、解决问题，在不断试验的过程中解决实际问题。

试验的教学法，有一个最要之点，这要点就是如何养成学生独立思想的能力。现在通用的方法，只有赫尔巴特的五段教授。总嫌他过于偏重形式。最好是把杜威的思想分析拿来运用。按照杜威先生的意思：第一，要使学生对于一个问题处在疑难的地位；第二，要使他审查所遇见的究竟是什么疑难；第三，要使他想办法解决，使他想出种种可以解决这疑难的方法；第四，要使他推测各种解决方法的效果；第五，要使他将那最有成效的方法试用出去；第六，要使他审查试用的效果，究竟能否解决这个疑难；第七，要使他印证，使他看这试用的法子，是否屡试屡验。这几种方法，只是一套手续。有了这个方法，再加些应用的设备，必能养成学生一种试验的精神。[1]
（《试验教育的实施》）

---

[1] 顾明远，边守正主编.陶行知选集，第1卷[M].北京：教育科学出版社，2011.15.

四、教育者的改革理念

（一）应以教人为教育的目的

陶行知强调教育不能仅仅局限于学校内，教育的目的也不仅仅是传授知识，而是要使个体获得较好的生存能力和发展素质。生存是在社会中的生存，发展是在社会允许的条件下的发展，都是顺应社会的。因此，陶行知主张教育要冲破学校的围墙，以整个社会为教育的场所。由传授知识的教育，发展为改造社会的教育。

我们认为，教育并不是被以砖墙或篱笆围着的学校所限定，而且教育的主要目的，也并不在于教人识字读书——固然识字原是重要的手段——而是在教人，在行动中解决他自身与他所属的社会的困难。所以，我们主张的大众教育，是要冲破学校的墙围而以整个社会为教育的场所，而且由文字知识的教育，扩大为超文字的行动的教育。[1]（《我们的态度》）

（二）将教育理论现实化

陶行知所讲的教育理论的现实化，即是必须用正确的教育理论来指导教育实践。陶行知批判了在教育改革中两种错误的倾向。一是没有经过调查研究，只凭着空想的理论来指导的教育改革，如当时的人格教育和文化教育。另一种是缺乏系统的理论指导开展的实验主义教育观。这两种错误做法都只能是头痛医头、脚痛医脚。

陶行知指出，教育既然是一种行动，就必须有理论上的指导，没有理论的行动，只能是盲动。教育改革能不能成功，要看指导的理论是否是正确的。错误的理论会直接导致教育改革的失败。他以当时的国难教育为例阐述了这个问题。不了解国难，不了解教育的本质，就无法了解二者之间的关系，这就导致了各地实施的国难教育不伦不类。因此，正确的教育理论是教育改革所必须的。

我们坚决主张教育理论的现实化

过去的教育，正犯了两种相反的错误：一种是离开现实的空想的理论，如所谓人格教育、文化教育；另一种是根本缺乏综合理论的实验主义教育观。他们都只是枝枝节节地做些头痛医头、脚痛医脚的工作，看不见或看不清楚教育与现实的各方面

---

[1] 顾明远，边守正主编.陶行知选集，第2卷[M].北京：教育科学出版社，2011.122.

的联系。

......

教育是一种行动，而行动需要理论的指导；没有理论的行动，那是盲动。并且行动之能否成功，要看理论之是否正确。因为不正确的或歪曲的理论，是要导行动陷于错误的泥潭的。即以国难教育为例，假使不了解什么是国难，不了解教育的本质，或不了解国难与教育的联系，则在教育的实施上，必然要陷于错误的。我们看现在各地所实施的国难教育之不伦不类，即是由于没有正确的理论指导之故。所以，正确的教育理论是教育行动上所不可须臾或离的。[1]（《我们的态度》）

（三）要抓住教育改革的机会

陶行知指出，教育者的所谓机会，是服务社会的机会，是为社会做贡献的机会，而不是沽名钓誉的机会。只要教育存在四种情况，教育者就有进行教育改革的机会：有受教育者，可受教育者没有完全接受教育，教育未能普及，教育中存在问题。

教育者应当知道教育是无名无利且没有尊荣的事。教育者所得的机会，纯系服务的机会，贡献的机会，而无丝毫名利尊荣之可言。他的机会可分为四种：

1. 有可教的人；

2. 可教者而未能完全教；

3. 可教者而未能平均教；

4. 已受教而未能教好。[2]（《教育者之机会与责任》）

陶行知首先深刻批判了那些空想家们。第一种是什么也不想做，坐等机会的人。这种人只会抱怨，其实根本没有改革教育的愿望。第二种是能够看到机会却把握不住机会的人。这样的教育者往往缺乏问题意识，因此，虽然看到教育中存在问题，却不知如何进行改革。第三种是看不到机会的人。我们要想发现教育中的问题，有两种可能，一是观察仔细，能够从细微处着手，看到教育中问题；一是高屋建瓴，能够从教育发展的角度来思考问题。如果不能从这两个角度来审视教育，就无法找到教育改革的机会。最后还有一种人，就是空想机会的人。而这四种人，根本就无法成为教育改革的中坚力量。陶行知在批判那些空想家的基础上，认识到好的教育者应该是那些在教育中善于寻找机会并把握机会的人。教育

---

[1] 顾明远，边守正主编.陶行知选集，第2卷[M].北京：教育科学出版社，2011.123.

[2] 顾明远，边守正主编.陶行知选集，第1卷[M].北京：教育科学出版社，2011.78.

者的责任就是不辜负机会，善于利用机会，能敏锐地发现问题并把握住机会改革教育。

(A) 候机会　有一班教育者天天骂机会不来，好像穷妇人想发财一样，但机会不是观望的，所以等着机会是极愚拙的事，可以料定永远不会收着成效的。

(B) 失机会　又有一班教育者，他明明看见机会来了，等到用手去捉它，它又跑掉了。如此一次，二次，三次……仍旧不能得着机会。因为机会失在转得极快的圆盘子上，倘如没有极敏捷的手去捉它，总会失败的。

(C) 看不见机会　机会是极微细的东西，有时且要用显微镜和望远镜去找。一班近视眼的教育者，若不利用那两种镜子，是很难看见机会的。

(D) 空想机会　还有些教育者，机会没有来，到处自炫，就像得着机会一样。犹如两个近视眼比看匾，在匾没挂起来的时候，都去用手摸了匾。后来共请一位公证人去批评，他们各人述了自己的心得，公证人妨不住笑了，因为这匾还没有挂上，他们都是"未见空言"！

这类"未见空言"的教育者，他们一味地空想，结果总没有机会去枉顾他们一次。

现在再谈谈好的教育者。我以为好的教育者，应当具有灵敏的手去抓机会，并且要带千里镜去找机会，机会找着了，就用手去抓它，不断地抓住它，还要尽力地发展它。

再说一说教育者的责任。简单一句话，教育者的责任就是"不辜负机会；利用机会；能用千里镜去找机会；会拿灵敏手去抓机会"。[1]（《教育者之机会与责任》）

（四）要有不畏艰难的决心

陶行知在《告生活教育社同志书》中对于如何面对教育中的困难有着精辟的分析。既不能轻视困难，也不要害怕困难。对于困难，要有迎难而上的态度。只有这样，才能真正肩负起教育改革的重任。我们回顾陶行知回国后从事教育的历程可以看到，他的每一步都是艰难的，从晓庄师范到育才学校，无一不是从无财无人的状况下发展起来的。没有办学的经费，没有办学的条件，也没有政府的支持。从一无所有到誉满天下，没有迎难的精神是无法做到的。和陶行知相比，我们今天的社会环境有了极大的改变。但我们也要知道，任何一项变革，都不会是顺利的。

其实，字典里有"难"字也有"易"字。我们对于困难，不可轻视，也不可害怕，

---

[1]　顾明远，边守正主编.陶行知选集，第1卷[M].北京：教育科学出版社，2011.83.

这"迎接困难"四字恰恰把我们应该有的态度表现了出来。谁也不能否认,中国是在过难关。困难既是不断地来,那么,来一个,解决一个;来两个,解决一双。我们各个人都有了这"迎难"的精神,便更能负起我们的任务而发挥我们的贡献。[1]（《告生活教育社同志书》）

五、考试制度的变革

（一）对考试制度的批判

针对当时会考的现状,陶行知在《杀人的会考与创造的考成》中一针见血地指出学校教育存在的弊病。他猛烈抨击了传统学校教育对学生生活力和创新思维的压抑和扼杀。当然,陶行知反对杀人的会考,提倡创造的考试,并不是不要考试,而是不要那种摧残人才、摧残青少年和消灭民族生存力的杀人的考试。

学生是学会考,教员是教人会考,学校是变成了会考筹备处。会考所要的必须教,会考所不要的就不必教,甚至于必不教。于是唱歌不教了,图画不教了,体操不教了,家事不教了,农艺不教了,工艺不教了,科学的实验不做了,所谓课内课外活动都不教了。所教的只是书,只是考的书,只是《会考指南》!教育等于读书;读书等于赶考。好玩吧,中国之传统教育![2]（《杀人的会考与创造的考成》）

陶行知认为,评价创造教育的标准应该是有利于培养学生生活力和创造力的创造的考试。陶行知对于评价创造的考试具体概括为:

1. 校内师生及周围人民的身体强健了多少?

2. 校内师生及周围人民对于手脑并用已达到了什么程度?有多少人是获得了继续不断的求知欲?

3. 校内师生及周围人民对于改造物质及社会环境已经达到了什么程度?

用以上三点来作为评价学校和学生的学习成绩,使学校师生具有征服自然、改造社会、改善自身的生活力和创造力的能力,这才是创造的考成。陶行知认为,如果用这样的标准去考核学校与学生,一定能使教育与现实生活紧密联系,一定能使学校教育与社会的现实生活需要密切相关。

---

[1] 顾明远,边守正主编.陶行知选集,第2卷[M].北京:教育科学出版社,2011.54.

[2] 顾明远,边守正主编.陶行知选集,第2卷[M].北京:教育科学出版社,2011.170.

（二）对作弊行为的批判

陶行知在《呜呼某校》中生动地描绘了在当时的会考制度下，教师和学生是如何对待考试的。为了保存饭碗而取悦学生的教师、不愿学习只想打小抄的学生，共同演出了一场作弊的闹剧。

年考将届，某校学生某起谓某教员曰："请先生给我们些范围。"

众学生曰："这是要的，这班书顶难。"

某教员曰："上班了四个月，只念了十八面书，怎样叫难？"

既思欲保存饭碗，唯有取悦学生；欲取悦学生，唯有允其要求。乃继曰："那么，照书面数，逢单的就考，逢双的就不考，好不好？"

众学生曰："好……好……好！"

考试届，某教员书考题毕，一生曰："先生，第二个题目在书上哪一面呢？"继又一生曰："先生，末了一个题目我忘记了，在哪一面呢？"

某教员始则支吾两语，终则一一俱应学生所问。考试始终，学生忽而交头耳语，忽而纸球四飞。抽屉之下，几成藏书楼。一时眼手交忙，大有偷儿之态度。教员则如知情之捕快，见若不见，闻若不闻。[1]（《呜呼某校》）

陶行知对作弊的事情深恶痛绝，他在《为考试敬告全国学子》中分析了作弊的五大危害：欺亲师、自欺、违校章、辱国体和害子孙。我们选择其中的几点来分析。第一是欺亲师。陶行知谈到，对待亲人最重要的是孝顺，对待教师最重要的是尊敬。最大的不孝和不敬，莫过于欺骗。欺骗师长为不敬，欺骗双亲为不孝，这是最大的道德品质败坏。如果这个人没有成功，他害的是自己和家庭，而一旦在社会上取得了成功，则会对天下造成大害。很多犯了滔天大罪的人，都是从作弊开始的。陶行知没有把作弊看成一件小事，而是看作个人道德品质形成中的一件大事。另外一点是违校章。陶行知认为作弊是违反学校章程的事情。学校的章程，是学校的法律，作弊是违背学校的法律。学生作弊的行为和偷窃是同样性质的，这不仅仅是行为不轨，而是太自轻身份。更为重要的是，在学校作弊，违背学校法律，那么将来到社会上也会无视法律。当学生的时候寻找枪手，到社会上也会买官乃至贪赃枉法。从这一角度来看，作弊不仅仅是个人的品质问题，还会对社会公平产生影响。

---

[1] 顾明远，边守正主编.陶行知选集，第1卷[M].北京：教育科学出版社，2011.23.

（一）欺亲师。事亲莫大于孝，事师莫大于敬。不孝不敬，莫大于欺。……欺师不敬，欺亲不孝，不孝不敬，是为败德。败德之人，不得志害身家，得志害天下。算来滔天罪恶，盖有始于此者矣。（二）自欺。（三）违校章。行欺禁令，载在章程。学校之章程，学校之法律也。违背学校章程而行欺，是藐视学校之法律也，是违背学校之法律也，是以学校而为犯人也。学生将以正人者也，己不自正而欲正人，可乎？学生将以治人者也，己不自治而欲治人，可乎？学生将引人服从法律者也，己不服从而令人服从，可乎？学生之位置，最高贵之位置也；学生之前程，最远大之前程也。以尊荣之学生，而行同偷窃，甘以身试法，不独行为不轨，亦且太自轻其身份矣。（四）辱国体。（五）害子孙。

爱国者必遵守法律。今日不服从学校之法律，安望其他日服从国家之法律乎？……为学生而可求人枪替，为官亦可以金钱运动位置；为学生而为人枪替，为官书亦可任用私人。为学生而夹带，而剽窃，而耳语，为官亦可吞赃纳贿。何则？履霜坚冰，其所由来也渐耳。故欲他日爱国爱人，必自今日不欺始。[1]（《为考试敬告全国学子》）

六、大学教育的改革

陶行知强调，在大学教育的改革中，最重要的是两件事：一是养成用科学方法解决问题的能力，二是师生养成密切的关系。这是大学教育的精髓。

大学教育的要素有二：一是使学生养成用科学方法解决问题的能力；另一个是教师与学生应当养成密切的关系。一个是关于思想，一个是关于情操。这两桩事体要是能做得到，那才不辜负说什么大学的教育呢！[2]（《大学教育的两大要素》）

（一）解决问题的态度

关于如何养成用科学方法解决问题的能力，陶行知首先强调要有解决问题的态度。

世界上的问题很多，有的活的东西在那里出问题，有的死的东西也在那里出问题，它们却全要我们的回答。但是我们个人所据的眼光不同，所以对于答复问题所持的

─────────────
[1]　顾明远，边守正主编.陶行知选集，第1卷[M].北京：教育科学出版社，2011.19.
[2]　顾明远，边守正主编.陶行知选集，第1卷[M].北京：教育科学出版社，2011.88.

态度也就不同了。不同的态度大概可分为以下几种：

1. 研究的态度。有的一般人他们解决问题专本着研究古人解决问题的方法。可是，古时的问题有古时解决的方法，现在的问题有现在解决的方法，即使问题相同，而时间不同，环境不同，也不能拿古时的方法解决现在的问题。所以这种态度不能认为可靠。

2. 迷信他国。有的一般人他们解决问题专仿效外国，外国对于这个问题怎么样解决，他们也就怎么样解决。如同我国办教育以先仿效日本，以后又仿效美国。但是日本有日本的问题，他们有他们的解决方法。美国有美国的问题，他们也有他们的解决方法。我国有我国的问题，我们就应当有我们的解决方法。若是完全采取他们的方法，仿效他们的方法，恐怕有的问题就不能解决了。况且各国的科学尚属保密。如同德国制染料，只有他们自己知道。别人是不得知道的。这样我们要迷信他国，也是不可靠的。

3. 玄想的态度。有的人不仿效古人，也不迷信他国，却在那里自己空想。这种态度也不能认为可靠，因为空想多是不能成为事实的。

4. 放任的态度。还有一般人不仿效古人，不迷信他国，也不空想；他们以为世界的问题这样多，真是解决之不胜，于是他们对于解决问题就抱了一种以不了了之的态度。[1] (《大学教育的两大要素》)

（二）科学的方法

大学的学生对于解决问题，究竟应当采用哪种方法？抱哪种的态度？我以为是要用一种科学的方法。什么叫作科学的方法？就是用科学的原则设法来解决问题。

科学的方法大概可分为五步：

1. 觉得问题。

2. 什么是问题。

3. 设法解决问题。

4. 选择方法。

5. 印证。

---

[1] 顾明远，边守正主编.陶行知选集，第1卷[M].北京：教育科学出版社，2011.85.

大学教育是要使学生用科学方法来解决问题。大学学生人人能用科学方法来解决他们个人的问题。那么久而久之，成绩自然是很大。这样看起来，大学学生应当培养的精神，首先就是用科学方法解决问题的能力了。[1]（《大学教育的两大要素》）

一切创造都始于问题。俗话说："好的开始是一半的成功。"爱因斯坦就说过：提出一个问题往往比解决一个问题更重要。因为解决一个问题也许只是一种方法或技能而已，而提出新的问题、新的可能性、新的假设，则需要想象与创造，它标志着科学的真正进步。

美国科学哲学家劳丹说："科学本质上是解决问题的活动。"无论是自然科学还是社会科学都是以研究问题和解决问题为其任务的。自然现象和社会现象形形色色，复杂多样，但现象本身只是存在，有些现象呈现在人的视野中，被人所意识到、看到、感觉到或熟知，有些则没有进入到人的视野，未被人所知。未知的现象当然不能成为科学研究的对象，就是已知的现象也不一定都能成为研究对象。比如家长体罚孩子或学校教师对有过错的学生实施体罚，这种现象在古代社会被视为天经地义，没有研究的必要。《三字经》里就说过："子不教，父之过。教不严,师之惰。"如何教？在古代社会很重要的措施就是体罚。《红楼梦》里的贾瑞，因为夜不归宿，被他的祖父贾代儒责罚，"打了三四十板，不许吃饭，令他跪在院里读文章。定要补出十天的功课来方罢"。但随着时代的进步，当体罚这种现象成为"问题"，人们才去研究它，发现其不符合民主社会的要求和人的本性，然后通过法律禁止体罚。所以，我们只能研究那些已知的并成了问题的现象。也就是说，只有当现象进入到人们的视野或认识的范围并成为问题的时候，该现象才能成为人们所研究的对象。只有研究者意识到某一现象有问题并需要解决的时候，现象的问题或有问题的现象就成为科学研究的对象。

任何一门科学或学科的创立和进步首先都起源于对问题的研究和解决。也就是说研究者首先碰到问题或提出问题，然后运用各种手段去研究这些问题，提出解决问题的方法或理论，最后通过实践或者实验来检验这些方法或理论。

七、重视女子教育

陶行知在《教育者之机会与责任》中也论述了女子教育的重要性。首先，女子应该有知识技能，去谋求独立。他形象地论述了一点：就像四万万根柱子支撑

---

[1] 顾明远，边守正主编.陶行知选集，第1卷[M].北京：教育科学出版社，2011.86.

着大厦,而女子则是其中的二万万根。如果她们是没有知识的,是腐朽的不能用的,那么这座大厦将会倒塌。因此,女子必须受教育,这样才能共同担负社会的责任。第二,女子对男子的影响很大,好的女子可以影响甚至改变男子。第三点,也是最重要的一点,女子接受教育有利于儿童的成长。女子的教育水平提高,她对子女的教育水平也会相应地提高。普及女子教育可以提升整个家庭教育的水平,是提升未来的教育品质的重要保障。

女子教育的重要有三:

甲、女子同为人类,自应有知识技能,去谋独立生活。譬如四万万根柱子擎着大厦,设若有二万万根是腐朽不能用的木材,则此大厦必将倾倒,这是很明显的例子。所以女子必须受教育,去共同担负社会的责任。乙、女子富于感化性,能将坏的男子变好,并且可以溶化男子的性情与人格。诸位不信,请看看你们的亲友,定可得着个很显著的证明。所以欲使男子一致堕落,非从女子教育着手不可。丙、女子受教育,必定十分顾及她子女的教育,不似男子的敷衍疏忽。所以普及女子教育,不但可以收到家庭教育的好果,并且可以巩固子孙的教育! [1] (《教育者之机会与责任》)

八、新教育的释义

(一) 什么是新教育

陶行知对什么是新教育有着独到的认识。和同时代的许多教育家不同,陶行知对于教育的认识没有停留在形式上的改变,而是着眼于其实质的革新。陶行知首先对新教育的"新"字进行了解读,他用了三个词:"自新"、"常新"和"全新"。"自新"强调的是教育改革要与中国的实际相结合,不能盲目地学习外国的经验。中国不仅仅是在教育方面,乃至在整个社会变革的各个方面都存在这样的问题。日本明治维新后日益强大,作为近邻的中国,一度以日本作为学习的榜样。从教育内容、教学方法到教育制度都去学习日本。一战后,美国兴起,在世界政治、经济舞台上开始扮演重要的角色。同时,随着留美学生的增加,我们在教育上又开始学习美国。学习、借鉴国外先进的教育思想是对的。但所有的教育思想必须与本国实际结合起来,才能真正地发挥作用。这就是陶行知说的要"自新"。"常新"意味着教育必须不断地变化以适应社会的

---

[1] 顾明远,边守正主编.陶行知选集,第1卷[M].北京:教育科学出版社,2011.79.

发展。就如洗澡一样，一定要天天洗，才能保持干净。教育不是通过一次变革就能解决所有的问题的。不断地接受新的思想、解决新的问题，在发展变化中更新自己，这样，教育才能保持活力，这就是第二点"常新"。最后是"全新"，这是陶行知对新教育最深刻的认识。教育改革，不能仅仅停留在形式的学习上，而应注重内在本质的变化。运用新的教学方法，使用新的教材和引入新的教学组织形式，这些是教育的革新。但教育革新，是对这些形式上革新背后真正教育理念的理解，这才是"全新"。

陶行知理解的新教育包括两个方面，一是通过教育促进学生个体的发展，促进学生的不断进步和发展；二是通过教育培养民主社会所需的公民。即通过教育促进个体社会化和个体个性化。

新教育有释义。我们中国的教育，倘若忽而学日本，忽而学德国，忽而学法国、美国，那终究是无所适从。所以新字的第一个意义是要"自新"。今日新的事，到了明日未必新；明日新的事，到了后日又未必新。即如洗澡，一定要天天洗，才能天天干净。这就是日日新的道理。所以新字的第二个意义要"常新"。又如我们讲的新，不单是属于形式的方面，还要有精神上的新。这样才算是内外一致，不偏不倚。所以新字的第三个意义是"全新"。

教育的作用，是使人天天改造，天天进步，天天往好的路上走；就是要用新的学理、新的方法，来改造学生的经验。

一方面利用天然界，一方面谋共同幸福。可说一句，新教育的目的，就是要养成这种能力，再概括说起来，就是要养成"自主"、"自立"、"自动"的共和国民。[1]（《新教育》）

陶行知提出教育如何担负起自身的使命，首先，教育必须是战斗的，成为民族解放的武器。其次，教育必须是科学的，是运用科学的方法，根据教育实际形成的。同时教育是科学的，还包括教育的内容，应该包含自然科学和社会科学两方面的知识。再次，教育必须是大众。将一个半殖民地半封建的国家改造成民主的国家，不能只依靠少数人，必须要普及教育。一个国家的政治民主程度与一个国家人民的文化程度或受教育水平有着密切的关系，甚至一个国家政体的选择也与其国民的文化素质有着一定的关系。民主意识的启蒙、深入和提升，民主观念的确立，都要依靠教育。人没有一定水平的科学知识，是很难萌发真正的民主意

---

[1] 顾明远，边守正主编.陶行知选集，第1卷[M].北京：教育科学出版社，2011.52.

识和民主观念的。最后，教育事业的发展必须是有计划的。要对人力和财力有合理的分配，这样才能保证教育事业的顺利发展。

教育必须要具备几种条件才能负起这样伟大的使命。（1）教育必须是战斗的。教育不是玩具，不是装饰品，不是升官发财的媒介。教育是一种武器，是民族、人类解放的武器。（2）教育必须是生活的。一切教育必须通过生活才有效。抗战建国的生活才算是抗战建国的教育。（3）教育必须是科学的。这种教育是没有地方能抄袭得来的。我们必须运用科学的方法，根据客观情形继续不断地把它研究出来，而且，这种教育的内容也必须包含并郑重自然科学与社会科学，否则不能前进。（4）教育必须是大众的。把一个半殖民地半封建的国家变成一个独立国，绝不是少数人所能办得成功的。我们必须教育大众一同起来负担这个伟大的使命。（5）教育必须是计划的。我们要有一个动的计划，使人力、财力都有一个缓急轻重的总分配。[1]（《告生活教育社同志书》）

（二）新教育的方法

1. 集体教育

陶行知强调，要想培养学生就要注重集体教育。他在《新教育》中提出两点，一是通过共同生活来促进学生社会性的发展；二是通过开展积极的活动引导学生。他认为在学校中如果不能共同做事，那么到社会上也无法与他人合作。具体来说，通过共同的活动，增强学生对集体的关心，还可以增进同学间的认识和了解，进而可以培养学生的集体意识。重视集体教育，还要注意开展各项积极的活动。让人不要赌博，不要饮酒，这些都是消极的措施。而安排各项有益的活动才是积极的教育措施。学生把兴趣集中到这些积极的活动中，自然没时间去做坏事了。学生共同完成各项活动的组织，共同参与到活动中，同学间的友谊能够得以发展。所以丰富多彩的活动可以丰富学生的生活，培养学生的参与意识。

共同生活。在学校中不能共同做事，一到社会也是不能的。所以要国民有共和的精神，先要学生有共和的精神；要学生有共和的精神，先要使他有共同的生活，有互助的力量。

积极设施。教人勿赌博，勿饮酒，这都是消极的禁止。至于积极的办法，要使

---

[1] 顾明远，边守正主编.陶行知选集，第2卷[M].北京：教育科学出版社，2011.58.

他们时常去做好的事情，没有机会去做那坏的事情。在学校之中，常有正当的游戏运动，兴味很好，自然没有工夫去做别的坏事了。[1]（《新教育》）

活动是教育的重要形式，活动也是个体积累经验、自我教育的好形式。人的活动在改造客观世界的同时，也在改造主观世界的外部行为。人的正确思想认识、知识技能，严格地说都来自活动。有些学生在文化知识的学习中，可能一时处于后进行列，平时在老师的眼里是不受欢迎的"丑小鸭"，但在文娱、体育等活动中，他们却往往令人刮目相看，成为众人瞩目的"白天鹅"。所以，活动是提升学生的能力、塑造学生的良好品质的最好途径。

2. 启发式教学

陶行知谈到，学校教育不仅仅是传授知识，还要促进学生精神和能力的发展。因此，在教育过程中要注重启发。所谓启发式是指教师从学生的实际出发，采取多种有效的形式，以启发学生的思维为核心，充分调动学生学习的主动性和积极性，促进他们生动活泼地学习的一种教学思想。启发式教学的实质在于调动学生的积极性和主动性，激发学生积极思考，融会贯通地掌握知识，并发展智力。

启发学生积极思维。教师应善于激起学生内心的冲突，通过学生自己的积极思维和主观努力来解决问题。启发式强调给学生提供问题情境。学生运用思维，探索问题，引起浓厚的兴趣和自觉的努力。在不断地解决问题的过程中，可以激发学生的学习兴趣，引起求知欲望，逐渐培养出学生问题意识和解决问题的能力。

而启发式教学，也强调建立融洽的师生关系，使学生对学习感到是乐趣，有幸福愉快感。有了兴趣，学生就会用全部精神去做事。

注重启发。在学校里并非一面教人，一面受教，就算了事。要使学生的精神意志和能力渐渐地发育成长。孔子说："不愤不启，不悱不发。"我更要进一步说，使他不得不愤，使他不得不悱。杜威先生也说，教学生的法子，先要使他发生疑问；查出他疑难的地方，使他想种种方法，去解决这个问题；从这些方法之中，选出顶有成效的法子，去试试看对不对；如其不对，就换个法子，如其对了，再去研究一下。照这个方法来解释同类的问题和一切的问题。（《新教育》）

唤起兴味。学生有了兴味，就肯用全部精神去做事体，所以"学"和"乐"是不可分离的。学校里面先生都有笑容，学生也有笑容。有些学校，先生板了脸孔，学生都畏惧他，那是难免有逃学的事了。所以设法引起学生的兴味，是很要紧的。[2]（《新

---

[1] 顾明远，边守正主编.陶行知选集，第1卷[M].北京：教育科学出版社，2011.54.

[2] 顾明远，边守正主编.陶行知选集，第1卷[M].北京：教育科学出版社，2011.54.

教育》)

3. 全面发展

陶行知谈到新教育要求人的全面发展。全面发展，是指学生基本素质的发展，学生可以而且应当在基本素质全面发展的基础上保持并发展自己的兴趣和特长。关于人的全面发展，我们在陶行知的学校教育理论里再进一步论述。这里就不再赘述了。

全部发育。身体和精神要全体顾到，不可偏于一面。譬如在体育上，耳目口鼻足统要使他健全；在智育上，既要使他自知，又要使他能够利用天然界的事物；在德育上，公德和私德，都不可欠缺。[1]（《新教育》）

（三）新教育的目标

1. 新教育需要什么样的新学校

学校是小的社会，社会是大的学校。所以要使学校成为一个小共和国，须把社会上一切的事，拣选其主要的，一件一件地举行起来。不要使学生在校内是一个人，在校外又是一个人。要将他造成共和国民的根基，须在此练习。对于身体方面、道德方面、政治方面，凡国民所不可不晓得的，都要使他晓得，那学校便成为具体而微的社会了。我国学校的弊病，不但在与社会相隔绝，而且学校里面，全以教员做主，并不使学生参加。要晓得一社会里的事务，该使大家知道的，就该大家参与；该使少数领袖管理的，就该少数领袖参与。这样不靠一人，也不靠少数人，使每个学生，每个教员晓得这个学校是我的学校，肯与学校同甘苦，那才是共和社会里的真学校。[2]（《新教育》）

2. 新教育应该培养什么样的学生

"学"字的意义，是要自己去学，不是坐而受教。先生说什么，学生也说什么，那便如学戏，又如同留声机器一般了。"生"字的意义，是生活或是生存。……教育是继续经验的改造，那么对于天然界和群界，自然受他的影响；天天变动，就是天天受教，差不多从出世到老，与人生为始终的样子。你哪一天生存不是学？你哪一天学不是生存呢？孔子到了七十岁，方才从心所欲不逾矩，他是一步一步上进的。凡

---

[1] 顾明远，边守正主编.陶行知选集，第1卷[M].北京：教育科学出版社，2011.55.

[2] 顾明远，边守正主编.陶行知选集，第1卷[M].北京：教育科学出版社，2011.56.

改变我们的，都是先生，就是我们自己都是学生。……每天的一举一动，都要引他到最高尚、最完备、最能永久、最有精神的地位，那方才是好学生。[1]（《新教育》）

3. 新教育对教师的要求

新教员不重在教，重在引导学生怎么样去学。对于教育，第一，要有信仰心。认定教育是大有可为的事，而且不是一时的，是永久有益于世的。……看小学生天天生长大来，从没有知识，变为有知识，如同一粒种子的由萌芽而生枝叶，而看它开花，看它成熟，这里有极大的快乐。……一定要看教育是大事业，有大快乐，那无论做小学教员，做中学教员，或做大学教员，都是一样的。第二，要有责任心。不但是自己家中的小孩和课堂中的小孩，我应当负责任；无论这里那里的小孩，要是国中有一个人不受教育，他就不能算为共和国民。第三，做新教员的要有共和精神。就是不可摆出做官的态度，事事要和学生同甘苦，要和学生表同情，参与到学生里面去，指导他们。第四，要有开辟精神。时候到了现在，不可专在有教育的地方办教育。……第五，要有试验的精神。[2]（《新教育》）

4. 新课程是什么样的

这要从社会和个性两方面讲。从社会这面讲来，要问这课程是否合乎世界潮流，是否合乎共和精神。……更从个性的一面讲来，谁的事教谁，小孩子的事教小孩子，农人的事去教农人，文教能够适合。（《新教育》）

[1] 顾明远，边守正主编.陶行知选集，第1卷[M].北京：教育科学出版社，2011.56.
[2] 顾明远，边守正主编.陶行知选集，第1卷[M].北京：教育科学出版社，2011.57.

第三部分
"一切以事为中心"
——陶行知的学校管理思想

陶行知先生是我国卓有成就的教育思想家和广有影响的教育实践家。他一生致力于推行平民教育、乡村教育、"科学下嫁"运动，先后创办和领导过南京晓庄学校、上海山海工学团、重庆育才学校和社会大学等学校，参与过多个教育社团、教育机关的组织管理工作，做过多个学校的校长。在这些教育实践活动中，陶行知积累了丰富的办学经验，并逐步形成了他的颇具特色的学校管理思想。对陶行知的学校管理思想进行研究，对推进当前我国基础教育改革、提升学校管理效能及完善我国教育管理体制等均具有重要的指导意义。

一、"校长是一个学校的灵魂"

校长是一校之领导。提到领导这个词，我们很多人会想起极富有浪漫色彩、感情丰富和大智大勇的人物形象。当我们想起卓越的领导者，拿破仑、毛泽东、撒切尔、邓小平等名字就会浮现在脑海中。有人就曾提出，领导这个词本身就展现出极为强大、精力充沛的个体形象，他们指挥胜利的军队，建立富裕强大的王国，或改变国家的命运。简而言之，人们通常相信领导能发挥着重要作用。的确，在学校人们常把校长视为学校成功或失败的唯一重要因素。实际上，越来越多和学校有着密切关系的人们认为，一校的领导——校长要对学校能否发挥应有的作用负相当大的责任。大多数和学校有着密切关系者，无论是教育系统内还是教育系统外的，都将对学校日益增长和不断变化的要求视为对校长重要性的评价。其结果是，校长备受关注，并招致诸多批评，蒙受各种骂名。当有人宣称校长应因学生学业成绩不良而受到责备时，所关注的焦点就是现在的校长没有尽全力进行所需要的变革。这些批评和挑战需要我们对校长有一个全面的认识。

（一）校长在学校管理中的重要性

陶行知高度重视校长在办学管校中的地位和作用。在他看来，一个好校长也就意味着一所好学校。校长是学校的精神台柱，是一个学校的灵魂。学校的好坏，和校长最有关系。校长应该有理想，并能够通过实际的教育活动践行自己的理想。校长工作的重要性，不仅体现在它直接影响着学生的发展，也体现在它影响着家庭的团结和进步，乃至国家的前程和世运之治乱。下面是陶行知对燕子矶国民学校校长丁超的评价，也是他所塑造的心目中理想校长的形象。

校长是一个学校的灵魂。要想评论一个学校，先要评论它的校长。……他能就事实生理想，凭理想正事实。他有事实化的理想，理想化的事实。他事事以身作则。他是教员的领袖，学生的领袖，渐渐地要做成社会的领袖。[1]（《半周岁的燕子矶国民学校——一个用钱少的活学校》）

对陶行知来说，1924 年 7 月参观燕子矶乡村小学，是影响他一生教育事业发展的一个转折点。燕子矶国民学校坐落于南京郊区神策门外的一所关帝庙内，校长丁超陆军高小毕业，并接受过正规师范教育。他所领导的学校，是能够真正践行自己的教育理想的。他的学校管理与生活密切结合。丁校长和学生一起改善学校的教学环境，改变周围的环境；积极引导学生参与学校的各项工作；在当时学校经费紧张的情况下想出了种种办法来解决教学资源短缺的问题。将一个经费短缺的乡村小学，办成了一个处处有教育、时时有教育的普及乡村教育的典范。在参观回来的路上，陶行知淋了一场大雨，但内心却充满喜悦，认为自己终于找到了心目中理想的学校。

究竟什么样的校长才是学校所需要的？学校的正常运作确实需要的是好的管理，需要那些能正确处理日常事务的人。差的管理会非常迅速地缠上学校。但这种管理一旦出现问题是马上会看得到的，是能够及时得到纠正的。但校长不一样，他要为学校未来的发展提供方向，为一所学校的长远发展提供规划。如果他的决策出现错误，这种影响是需要在许多年以后才能看到的。

因此，校长作为一校的领导者，他的工作应该具有创新性，应该成为教育变革的核心力量。校长的工作必须与普通教师或一般的管理人员有所区别。普通管理人员所完成的则是一种程序化的控制工作。一个一般管理人员是使事情正确，而一个校长则做正确的事。进一步说，一般管理者关注的是政策的执行，而校长

---

[1] 顾明远，边守正主编.陶行知选集，第1卷[M].北京：教育科学出版社，2011.109.

最重要的工作是制订或阐明政策；前者是只见树木不见森林，后者则从更广阔的视角看待生活。

根据管理学大师彼得·德鲁克的观点，有效的领导者并不做太多的决策，他们关注的是那些重要的决策以及那些对组织有比较大影响的决策。他们往往从更一般性和战略性的角度思考问题，而不是解决日常问题或做"救火队员"。他们设法做出的是居于最高水平上的极少数重要的决策。有效的校长应该在学校决策上倾向于分权和决策分享，校长应把责任和职权下放给中层管理者。

（二）校长应是整个的校长

校长工作是一项专门事业，需要也值得校长全身心地投入。校长工作是一门专业性很强的工作，教育事业发展中的计划、师资、课程、经费、设备、考成及劝学等诸事项，都需要校长去思考、去决策。校长工作是一门科学，它的复杂性和专业性需要也值得校长们全身心地投入。人的一分精神，只能专做一件事业，一个人兼了十几个差使，精神难以兼顾，他的事业即难以成功。国家把一个完整的学校交给校长，校长就必须用整个的心去做好这项工作。从个人的角度来讲，只有这样校长才能具有专业的精神，才能提高学校管理的效率；从学校的角度上讲，校长要专人专任，既不可提倡政府官员兼任校长，亦不可提倡校长同时兼任数个职务。政府官员兼任校长，其后果只能是，学校变成衙门，教育变成办公，创造变成维持，循循善诱变成整齐划一，让学校成为大众名流的附属机关。无论是从国家教育角度还是从个人精力有限的角度来看，一个人只能担任一个学校的校长。

分心的人是个命分式的人，不是个整个的人。整个的人的中心，只放在一桩主要的事上。他的心分散在几处，就是几分之一的人。这类人包括兼差的官吏，跨党的党人，多妻的丈夫。俗语说"心挂两头"，就是这类人，这类人是命分式的人，不是整个的人。

做一个学校校长，谈何容易！说得小些，他关系千百人的学业前途；说得大些，他关系国家与学术之兴衰。

一个人干几个校长，或者几个人干一个校长，都不是整个的校长，都是命分式的校长。试问，世界上有几个第一流的学校是命分式的校长创造出来的？国家把个整个的学校交给你，要你用整个心去做个整个的校长。为个人计，要这样才可以发展专业的精神，增进职务的效率。为学校计，与其做大众名流的附属机关，不如做一个学者的专心事业。……为国家教育计，为个人精力计，一个人只可担任一个学校的校长，整个的学校应当有整个的校长，不应当有命分式的校长。[1]（《整个的校长》）

陶行知的"整个的学校应当有整个的校长，不应当有命分式的校长"这一名言，值得当今的校长们谨记。陶行知的当整个的校长，不仅意味着一个人只能担任一所学校的校长，也意味着校长要把自己的全部精力投入到一所学校的管理中去。校长角色的重要性决定了其在学校管理过程中的不可替代性，然而，当前许多学校的校长，不足以完全胜任学校管理的全过程，校长在学校管理中暴露的问题诸多。例如，学校校长热衷于社会兼职，沉浸于文山会海，忙于应酬、疲于奔命，无法集中精力管理学校，正如陶行知眼中的"命分式校长"，不少校长官僚习气严重，墨守成规，更关注于行政职务的升迁而忽视学校的教育教学工作；唯上级命令是从，只对上级的命令负责而不考虑学校发展的实际需求，缺乏创造力等等。这些现象的存在，严重影响了当前学校管理工作的效率，虽形式上是整个的校长，而实质是分命的校长。整个的校长，应是把自己的全部精力投入到学校教育教学中去的校长，只有这样，我们才能创造出世界一流的学校，进而创造出世界一流的教育。

（三）校长应该有良好的道德品质

陶行知在《每天四问》里论述了道德的重要性。他认为道德是做人的根本，道德品质差，即使这个人有学问，也不会有什么用处。并且，道德品质差的人，学问和本领越大，对这个社会的危害就越大。校长处于学校管理的中心地位，是学校的关键角色，理所当然地要求校长应有德性。只有品行高尚的校长，才能真起到凝聚人心、引领方向的灵魂作用。

道德是做人的根本。根本一坏，纵然使你有一些学问和本领，也无甚用处。并且，没有道德的人，学问和本领愈大，就能为非作恶愈大。所以我在不久以前，就提出"人格防"来，要我们大家"建筑人格长城"。建筑人格长城的基础，就是道德。[2]（《每天四问》）

我们知道，作为一校之长，要影响的不仅仅是教师和学生的具体行为，而且要影响他们的价值倾向和思想观念。这种影响的有效产生，不仅依赖校长的职位

---

[1] 顾明远，边守正主编.陶行知选集，第1卷[M].北京：教育科学出版社，2011.152.
[2] 顾明远，边守正主编.陶行知选集，第2卷[M].北京：教育科学出版社，2011.226.

和手中的权力，而更需要依赖所具有的个人权力。凭借这种个人权力，校长不仅可以以学校的名义提出工作要求，而且还可以以个人名义对他们的思想和行为产生积极的影响。当校长只有专业知识而缺乏必要的道德时，他的个人影响力就会大大减弱。反之，如果校长深受教师和学生的喜爱，那么即使他在知识方面有所缺陷，人们还会热心支持他。

我们来看一个例子，就能更好地理解校长道德品质的重要性。在利比里亚，曾经有位被称为"乔治王"的足球明星乔治·维阿宣布要竞选总统。他在这个喜爱足球的国家深受人们的爱戴，因为他曾在 1995 年一年内接连赢得"欧洲足球先生"、"非洲足球先生"、"世界足球先生"三项桂冠。在利比里亚国家足球队 1995年因没有付费而面临国际足联的停赛处罚时，维阿自己掏出 5000 美元补足了欠款。在转年的非洲国家杯比赛时，他还为球队运动员和管理人员购买了设备、服装和机票。2002 年，他批评了前统治者泰勒，结果住宅被纵火，家人也受到了袭击。他是联合国儿童基金会的亲善大使，他所做的人道主义工作赢得了世界范围的称赞。尽管人们怀疑这个文化程度不高并缺乏政治经验的球星是否有足够的能力管理这个国家，但利比里亚的许多民众还是期望他能参选。一家地方报纸称："经过了多年的流血和战争，利比里亚满目疮痍，利比里亚人需要一个真正的爱国者，一个人道主义者，而乔治·维阿有潜力让利比里亚人重新团结起来而挽救这个国家。"

（四）校长应以身作则

丁超任校长的燕子矶小学，面临着两个难题，一个是要想教学生做事，学生和家长都认为到学校应该是来读书的，因而不愿意学。二是教师既不愿意教学生做事，也不知道如何教。教学生学习知识容易，教他们做事就难。只向学生、家长和教师阐述教育理想是远远不够的，因此，丁校长以身作则，自己亲力亲为，做学生的楷模。慢慢影响了学生和教师，愿意和他一起改造学校和社会。

这个学校不但教学生读书，并且教学生做事。做什么？改造学校！改造社会！学生是来读书的，教他做事，自己不情愿，父母不情愿。这是第一个难关。教员是来教书的，要他教学生做事，固不情愿，实在也是不会。这是第二个难关。教学生读书易，教学生做事难。如何打破这两道难关？一是要身教，二是要毅力。丁校长教学生做事的成功也是在这两点。他起初的时候，整天拿在手里的是钉锤和扫帚。所以那时有人讲他是位钉锤校长、扫帚校长。但是久而久之，教员跟他拿钉锤和扫帚了，学生也跟他拿钉锤扫帚了。教员变作钉锤扫帚的教员，学生也变作钉锤扫帚的学生了。丁校长于是开始偕同教员学生合力改造学校，改造环境。[1]（《半周岁的燕子矶国民学校——一个用钱少的活学校》）

在历史上，不乏很多优秀教育家，他们忧国忧民，以国家兴亡为己任，为改造中国的教育呕心沥血。陶行知在从事教育的过程中，继承了这一传统，用自身的言行做表率。他用自己一生的实践谋求大众的幸福生活，这激励起所有有志从事教育者的使命感和改造中国的决心，形成一股强大的精神洪流，投入到改造中国教育的浪潮之中。我们看到，陶行知的所有教育理念的树立都建立在自身身体力行的基础之上。为了推行乡村教育，培养乡村教师的目标，他放弃了自己在东南大学优厚的待遇、优越的生活条件，率先脱下西装革履，穿上布衣草鞋，住进柴舍牛棚，还带头下地耕田、挑粪，被人称作"挑粪校长"。在当时，很多人被他的精神和行为所感动，在艰苦的条件下，投身到中国的教育改造中去。

（五）敢探未发明的新理

陶行知在《一流的教育家》中，批判了三种教育家，一种是只会搞运动、说官话的政客型；一种是只会读书、教书、做文章的书生；还有一种是仅凭经验，闷起头搞教育的教育家。这样的人都不是我们所需要的校长。一流的校长应该是具有创新精神和开辟精神的。

陶行知不仅深刻论述了创造精神对于校长工作的必要性和重要性，更重要的是他为我们创造性地应对办学管校中的各种困境和矛盾树立了榜样。譬如，为解决农村学校量少质次、农民生活困难的问题，陶行知创设了南京晓庄学校，希冀它担负起改造乡村生活的重大使命；又如，为贯彻"工以养生，学以明生，团以保生之工学团"的办学宗旨，陶行知创造性地提出了小先生制，从而有效地解决了当时的师资瓶颈难题。

"一种是政客的教育家，他只会运动，把持，说官话；一种是书生的教育家，他只会读书、教书、做文章；一种是经验的教育家，他只会盲行、盲动，闷起头来，办……办……办。"

"今日的教育家，必定要在下列两种要素当中得了一种，方才可以算为第一流的人物。（一）敢探未发明的新理，（二）敢入未开化的边疆。敢探未发明的新理，即是

---

[1] 顾明远，边守正主编.陶行知选集，第1卷[M].北京：教育科学出版社，2011.109.

创造精神；敢入未开化的边疆，即是开辟精神。创造时，目光要深；开辟时，目光要远。总起来说，创造、开辟都要有胆量。在教育界，有胆量创造的人，即是创造的教育家；有胆量开辟的人，即是开辟的教育家，都是第一流的人物。我们在教育界做事的人，胆量太小，对于一切新理，小惊大怪。我们在教育界做事的人，如果想自立，想进步，就须胆量放大，将试验精神，向那未发明的新理贯射过去；不怕辛苦，不怕疲倦，不怕障碍，不怕失败，一心要把那教育的奥妙新理，一个个地发现出来。这是何等的魄力，教育界有这种魄力的人，不愧受我们崇拜！" [1]（《一流的教育家》）

校长作为一个领导者，首先要有眼光，要有境界，要有追求。要能够独上高楼，登高远望。洞察机会，"春江水暖鸭先知"，要能够敏锐地发现教育的有意义、有价值的变革及其征兆，见微知著，同时能够提出实现这一变革的设想、战略和切实可行的计划。成功的校长能够审时度势，从时间、战略和全局上考虑和分析问题，抓住时机，确立目标。同时，力图将目标明确化、愿景化，使教师真正理解并建立信心。所以，作为校长要有前瞻性。开阔视野，放远眼光，提高自己对未来趋向的把握能力，辨别教育方向的能力，洞察事物本质的能力，这样才能在变化无穷的环境中做出战略选择。

受传统观念的影响，一些校长仍然用惯性的态度和行为进行日常管理活动，对教育活动中出现的新问题缺乏敏感性。一些校长或者惰于转变其思想，或者出于方便原则拒绝尝试和接受新的思维和方法，更有一些人在新旧管理观念中间举棋不定，认为旧式的教育依然可以为社会培养人才，对于先进的教育思想与实践采取保留或者亦可亦不可的暧昧态度。缺乏对新价值的认可和坚定态度，是教育改革无法深入的一个重要观念因素。

执行还是创新？校长对学校要继续维持现状还是要参与教育改革，是一味地上传下达还是实施自主创新，这是校长需要考虑的。我国的传统教育中更多地要求校长执行上级的批文，按照统一的指令实施管理，对校长素质的要求多体现在要求服从和执行的层面。在创新时代里，学校管理服务于多样化、个性化的个体发展需求，就更要求校长必须能动地应对现实管理中出现的新问题，发挥创造精神。这既是时代的要求，也是人类在不断追求解放和自由过程中的必然选择。而现实中很多校长习惯于做执行者，而非抉择者，往往回避责任，上瞒下推，缺

---

[1] 顾明远，边守正主编.陶行知选集，第1卷[M].北京：教育科学出版社，2011.50.

乏创新的精神，在根本上仍然缺乏创新意识，不能从创新中体验乐趣。现代学校需要的是能够以创新性工作为乐的校长。

（六）校长应有责任心

陶行知认为责任心首先体现在要坚守岗位。各人应该站在各人的岗位上，在本岗位上努力，把本职工作做好，责任心并不是空洞的，校长的责任心可在具体繁杂的日常工作中体现出来。另外要有计划，要能够坚持。有些人做事，有起头无煞尾，做东丢西，做西丢东，忙过不了，不是一事无成，就是半途而废。我们做事要按照计划，依限完成，就必须毅力坚持，一直到做好为止。校长失去了这方面的责任心就会漠视工作的质量。

第一点最要紧的，是要"站岗位"。各人所负的责任不同，各人有各人的岗位，各人应该站在各人自己的岗位上，牢守自己的岗位，在本岗位上努力，把本岗位的职务做得好，这是尽责任的第一步，第二点要"敏捷正确"，既要敏捷有效力，还需要熟练和精细，第三点要"做好为止"，要按照计划，靠着毅力坚持去做，不能虎头蛇尾，半途而废。只有树立起负责任的工作精神，全体教师树立起"鞠躬尽瘁，死而后已"的决心，才可能为我们的民族创造一个伟大的新生命。[1]（《每天四问》）

校长要有责任心，不仅体现在日常工作中，还体现在更高的层面上。校长要有强烈的责任心，即是改造社会、改造教育。改造社会、改造教育的责任心是校长工作的内在动力。校长失去了改造教育的使命感会迷失工作的方向和意义。

敢入未开化的边疆。一般有志办学的人，也专门在有学校的地方凑热闹，把那边疆和内地的教育都置在度外。推其原故，只有一个病根，这病根就是怕。怕难、怕苦、怕孤、怕死，就好好埋没了一生。我们还要进一步看，这些地方的教育究竟是谁的责任？我们要晓得国家有一块未开化的土地，有一个未受教育的人民，都是由于我们没有尽到责任。[2]（《第一流的教育家》）

（七）校长要做民主的倡导者和领导者

社会的民主离不开教育的民主，教育的民主呼唤民主的教育，民主的教育需要民主的校长。如果校长对待教师的态度是专制的和权威的，教师也会这样对

[1] 顾明远，边守正主编.陶行知选集，第2卷[M].北京：教育科学出版社，2011.225.
[2] 顾明远，边守正主编.陶行知选集，第1卷[M].北京：教育科学出版社，2011.50.

待学生。那么，我们希望通过教育培养学生的民主意识就会成为泡影。

校长对于我们，我们对于学生，多少都存在着一些要不得的独裁作风。中国现在，自主席以至于校长教师，有意无意的，难免是一个独裁。因为大家都是在专制的气氛中长大，为独裁作风所熏陶，没有学习过民主作风。[1]（《小学教师与民主运动》）

在一个民主国家里面，做一个独裁校长是千不该，万不该的事情。[2]（《领导者再教育》）

我们知道，一个人的发展，除受智力因素和非智力因素影响外，还会受到环境因素的制约。"孟母三迁"的典故，就说明了环境对人的发展有制约作用。可以说，良好的教育环境是培育人才的肥沃土壤。人的知识的获得，能力的发展，道德品质的形成，只有通过后天环境和教育的影响，通过个人的主观努力和实践才能实现。因此，学生民主意识的培养，要求学校具有民主的氛围，而这要求首先要有民主的校长。

二、陶行知的学校观

学校观即是对于学校组织的根本看法和态度。校长没有自己独立的学校观，就会随波逐流、自从自动，甚至趋炎附势、依附权贵，"没有自己独立的人格"也。陶行知专门写了一篇文章《我之学校观》，直接申明了他对学校组织的根本看法，还在多篇文章和演讲中系统地阐述过他的学校观。

（一）学校的重要性

陶行知有关学校的思想值得重视。学校是教育人的场所，学校的好坏直接关乎在学校中学习的孩子的未来发展。好的学校能把坏的变好，而坏的学校会把好的变坏。

学校的势力不小。他能教坏的变好，也能教好的变坏。他能叫人做龙，也能叫人做蛇。他能叫人多活几岁，也能叫人早死几年。学校以生活为中心。一天之内，从早到晚莫非生活，即莫非教育之所在。一人之身，从心到手莫非生活，即莫非教育之所在。一校之内，从厨房到厕所莫非生活，即莫非教育之所在。学校有死的有活的，

---

[1]　顾明远，边守正主编.陶行知选集，第2卷[M].北京：教育科学出版社，2011.264.

[2]　顾明远，边守正主编.陶行知选集，第2卷[M].北京：教育科学出版社，2011.473.

那以学生全人、全校、全天的生活为中心的，才算是活学校。死学校只专在书本上做功夫。介于二者之间的，可算是不死不活的学校。[1]（《我之学校观》）

（二）学校应该成为师生共同生活的处所

师生之间必须同甘共苦，只有这样才能有精神上的沟通，有感情的融洽。师生之间不是对立的，要在人格上互相硬化，习惯上互相锻炼。师生之间是相互影响的。教师和学生在一起，不知不觉，就会变得年轻，这就是教师受到学生的影响。学生有问题，教师要想解答，就必须不断地学习。这也是教师受到学生的影响。学校不是教师单方面施展才华的场所，而是师生彼此合作与互相激励的场所。另外，陶行知引用了李白的诗强调，对待学生的精神，必须设法引导到有益的事上。如果不能因势利导，就会出现问题。

学校是师生共同生活的处所。他们必须共甘苦。甘苦共尝才能得到精神的沟通，感情的融洽。国家大事，世界大势，亦必须师生共同关心。学校里师生应当相依为命，不能生隔阂，更不能分阶级。人格要互相感化，习惯要互相锻炼。人只晓得先生感化学生，锻炼学生，而不知学生彼此感化锻炼和感化锻炼先生力量之大。先生与青年相处，不知不觉的，精神要年轻几岁，这是先生受学生的感化。学生质疑问难，先生学业片刻不能懈怠，是先生受学生的锻炼。这是不可避免的，也是好现象。总之，师生共同生活到什么程度，学校生气也发扬到什么地步，这是丝毫不可以假借的。李白诗说："黄河之水天上来，奔流到海不复回。"这好比是学生的精神。办学如治水，我们必须以导河的办法把学生的精神宣导出去，使他们能在有益人生的事上去活动。倘不能因势利导，反而强势压制，那末决堤泛滥之祸不能幸免了。[2]（《我之学校观》）

（三）与社会生活相联系

学校为什么要与社会生活相联系？首先，学校生活是社会生活的一部分，学校是为社会而设立的并作为社会生活的起点而存在，与社会生活息息相通是学校的应有之义。学校要想实现教育的功能，首先必须要实现自身的社会化。唯有相容，才能了解并理解社会问题，也才能化育社会的不良现象。另一方面，改造社会环境要从改造学校环境做起，如果师生不能共同改造学校环境，那么改造社会就自

---

[1] 顾明远，边守正主编.陶行知选集，第1卷[M].北京：教育科学出版社，2011.212.
[2] 顾明远，边守正主编.陶行知选集，第1卷[M].北京：教育科学出版社，2011.212.

欺欺人了。

学校生活只是社会生活一部分。学校不是道士观、和尚庙，必须与社会生活息息相通。要有化社会的能力，先要情愿社会化。

学校生活是社会生活的起点。远处着眼，近处着手，改造社会环境要从改造学校环境做起。全校师生应当以美术的精神共同改造学校环境。凡应当改造的，一丝一毫都不肯轻松放过，才能表现真精神。师生不能共同改造学校环境而侈谈社会改造，未免自欺欺人。[1]（《我之学校观》）

其次，学校生活的改进离不开社会。

我们要想办好学校，就要让各种社会力量来了解学校。陶行知形象地描述了这一问题：学校离开社会的监督，就像放在黑暗里的物品一样，会产生各种微生物。因此，要欢迎各种社会力量来了解学校，监督学校。做校长的要诚恳地接受外界对自己的批评以使自己能补上不足之处，从而使学校能持续不断地生长。和社会生活联系起来，办社会需要的教育，学校才能在社会的太阳光里生长且不断地生长。

我们要学校生活长得敏捷圆满，就得要把他放在光天化日之下。太阳光底下可以滋长，黑暗里面免不掉微生物。所以我主张学校要给人看。做父母的、管学务的，以及纳教育税的人，都要看学校。要学校改良，做校长的、做教员的，都要欢迎人参观批评，以补自己之不足。学校放在太阳光里必能生长，必能继续不断地生长。

高尚的生活精神不用钱买，不靠钱振作，也不能以没有钱推诿。用钱可以买来的东西，没有钱自然买不来；用钱买不来东西，没有钱也是可以得到的。高尚的精神如同山间明月、江上清风一样，是取之无尽，用之无穷的。没有钱是一事，没有精神又是一事。有钱而无精神和无钱而有精神的学校，我都见识过。精神是不靠钱买的。精神是在我们身上，我们肯放几分精神，就有几分精神。不关有没有钱，只问我们肯不肯把精神放出来。[2]（《我之学校观》）

学校如何与社会生活相联系？陶行知在《半周岁的燕子矶国民学校——一个用少钱的活学校》中向我们描述了一个典范——燕子矶小学。我们通过丁校长的做法，能够对这一点有更深刻的认识。丁校长对燕子矶学校的治理从改善校内环境入手，先把原来供奉在庙内的神位移入隔壁的庙堂，使教室变得宽敞整洁。之

[1] 顾明远，边守正主编.陶行知选集，第1卷[M].北京：教育科学出版社，2011.213.
[2] 顾明远，边守正主编.陶行知选集，第1卷[M].北京：教育科学出版社，2011.

后全校师生又一起清理学校附近的垃圾并在道路两旁植树来改变校外环境。治理垃圾的过程极具教育味道。起初，学生们扫光垃圾不久又会被村民倒上，丁校长就再带领大伙儿扫干净。几次之后，村民就再不好意思往那里扔垃圾了。校里校外的环境就这样得到渐渐转好。

校内干好了，进而求环境的改良。燕子矶即在近旁，他就带领学生栽树，从门栽到燕子矶顶上，风景一变。造林场栽树，十活一二。丁君栽树，栽一棵活一棵，也是他从经验中得来的。燕子矶坡上因有人时倒垃圾，太不洁净了。丁校长就领学生们把所有的垃圾扫除一空。村民不知卫生，仍是时常把垃圾倒在此处。但村民一面倒，他就一面扫；村民倒一回，他就扫一回。后来邻居渐渐地出来责备倒垃圾的人，燕子矶头从此清洁了。

……

平常办这，学校自学校，社会自社会，不要说联络，连了解也说不到。丁校长接事只有半年，对于燕子矶社会情形，了如指掌。他并能得地方公正绅士之信仰和帮助。学校因此无形中消除了好多障碍。[1]（《半周岁的燕子矶国民学校——一个用少钱的活学校》）

（四）学校建设的目标

陶行知描述的他心目中的理想学校应该是：以生活为中心，不只是在书本上做功夫；师生共同生活，彼此感化；以健康为生活、为教育的出发点；不仅学校的教师要学而不厌，职员也应该学而不厌；学校必须与社会生活息息相通；全校师生要以美术的精神共同改造学校环境；人人都应具有高尚的生活精神；学校欢迎人家参观和批评。总之，在陶行知看来，学校办得好不好，关键是看家长是否愿意把自己的子女送来入校求学。

我对于学校要求并不要高，只希望大家把学校办到一个地步——情愿送亲子弟入校求学，就算好了。前清往往有办学的人不令子弟入学，时论以为不恕。现今主持省县教育者，亦颇有以子弟无好学校进为虑，甚至送入外人设立学校肄业，真正令人不解。我要有一句话奉劝办学同志，这句话就是："待学生如亲子弟。"[2]（《我之学校观》）

---

[1]　顾明远、边守正主编.陶行知选集，第1卷[M].北京：教育科学出版社，2011.110.

[2]　顾明远、边守正主编.陶行知选集，第1卷[M].北京：教育科学出版社，2011.214.

三、学校管理的原则

陶行知的学校管理原则，集中体现在他的《办公原则》这篇文章里，我们通过分析，可以看到陶行知的学校管理成功的关键，即是一靠民主，二靠科学。我们把陶行知所论述的这些原则从科学管理原则和民主管理原则两个方面来论述，这样可以有更清晰的认识。

（一）科学管理原则

要想更好地认识陶行知的科学管理原则，我们先来认识一下科学管理。科学管理的核心是运用科学的或理性的管理方法以实现资源的配置，提高管理的效率。科学管理强调的是管理过程中所蕴涵的理性精神和效率意识。理性精神就是建立系统的、科学的和规范的方法、原则和组织制度，运用这些方法、原则和制度开展管理活动。用这些标准和方法管理各项教育活动，可以大大提高教育的效率。同时古典组织理论以效率为根本目标。如果说理性是手段的话，而效率则是目的。人类虽然进入到了 21 世纪，但管理和教育管理的基本问题还依然存在。教育资源的有限性（人的方面，如教师、学生、管理人员；物的方面，如资金、场地、设备等等；时间方面，这一资源不可再生。）永远要求教育管理杜绝浪费，追求效率。

我们回顾一下陶行知在美国的求学生涯，就能了解为什么他能够提出这些科学管理原则。陶行知在美国学习的时期，正是泰罗的科学管理理论在美国迅速得以应用之时。泰罗的科学思想在当时不仅传播到美国各地，而且传播到法国、德国、俄国和日本。引起美国公众对科学管理兴趣的一个最大的推动事件之一，是在1910 年期间，他们听到效率专家宣布通过应用科学管理，铁路每天可以节约100万美元的运行费用（相当于 1994 年的 1400 万美元），这意味着铁路票价可以大幅度降低。由于美国制造公司较早地接受了科学管理方法，从而使它们比外国公司处于相对优势的地位，至少在其后的 50 年里，美国制造业的效率一直令世界羡慕。理性精神和效率意识对当时的陶行知也产生了影响。同时，科学管理理论在美国的学校也得到了广泛的应用。为适应迅速发展的工业的需要和民主进程的需要，学校规模日益扩大，各种课程在不断改革，教育投入不断增加。但学校经营效率不高，浪费现象严重。在公众一片效率的声音或按现在的廉洁要求教育进行责任说明，学校管理者出于自己职业生存的利益出发，开始关注科学管理。不能不说，这些都对陶行知产生了影响。陶行知回国后创办的学校，都能看到科学管理的影子。

1. 唯事的

陶行知提出的第一条办公原则就是唯事。他批判了中国人在管理中的一个弊端，即任人唯亲。在组织里面所用的人，彼此之间有着关系。常常因个人的升迁而影响其他人。不是以事为中心，而是依靠关系。例如，旧时的机关中，每出一篇公文，往往别人不能改一个字，害怕伤了个人感情。要知道，文件代表的是一个组织的精神，和这个组织的荣辱相关。应该是组织内的每个人都应发表意见。而由于人情的原因，只听一人的，就会出现问题。同时，只考虑人与人之间的关系也会损害公共利益。因此，管理应是以事为中心。

中国人办公，素为唯人主义。一机关所用之人，彼此各有关系，常因一人之迁更，而影响其他各人者。故推荐者与被推荐者，同其去就；而所推荐者，又皆因人之关系，胜任与否，所不计也。今则当以事为主。办公者，非一个为另一人做事，乃人人为一事或数种事尽力，系"非人治的"。事宜分工者则分，宜合作者则合，一切以事为中心。常见旧时幕府中，每一文出，他人不能更一字，恐伤情也。夫文件乃代表一机关之精神内容者，觇乎一机关所发表之文件，该机关这优劣荣辱系焉。故每一文出，有关系之人皆有参加意见之必要。以人情所关，遂听一人之专断，牵强出之，损名败事，莫此为甚。且一机关之内，又每因人与人之意见而损及公事。主持之人待我厚则尽力，待我薄则不尽力。尽力之多少，机关之利害关之，事果何辜而因一厚一薄以增减其效力耶！事治则不然，善治其事者留，不善治其事者去，善事为尚，人情次之，既无素餐尸位之职，亦无人存事举、人亡事息之弊。人之去就不足损事，事之兴废不复因人，而事举矣。[1]（《办公原则》）

2. 科学的

陶行知强调以科学研究的态度来对待管理。要想改变旧的管理中墨守成规、故步自封的局面，必须把管理以科学的态度，作为学问来对待。他以社内信纸信封使用为例，说明了如何运用科学的精神来进行管理。因为社内用的信纸信封较多，如果每个贵一二文的话，那么增加的费用也是不少的。于是社内去调查不同店内的货物价格，与各个机关所买的再比较，了解到改进社所用的信纸和信封都

[1] 顾明远, 边守正主编.陶行知选集, 第1卷[M].北京: 教育科学出版社, 2011.89.

较贵，于是进行改良。科学的态度、科学的方法，是管理效率提高的一个重要因素。

此盖重科学之方法与态度。昔之办公者，埋首不求改进，墨守成规，故步自封，使学问与事业判若鸿沟，一若无相连之必要者。若以科学精神注于事业上，则事业成为学问，日求改良以利公务，利用科学方法，比较、实验以求结果之善。科学方法，无处不可应用，上自机关之组织，下至文具购置（本社用信纸信封甚多，近以万计，若每昂一二文，则所失不赀，用乃调查各店中关于信纸信封各种不同之货价，及各机关所买信纸信封之价而比较之，则知改进社所置之信纸信封较贵，于改良之），无不适用之。人不能无过，过贵能知，知而不改，斯为过矣。做事亦然，人不能无失，既失败矣，则必究其致败之因，而求有以改良之。能如是，而后能无第二次失败。失败不中过，若听其长此终古，不思有以矫正之，则一日之失，即毕生之失。日计不足，月计有余。故科学之态度，则于所做事能怀疑、反省、试验、分析、实证，而不囿于陈法；有科学之方法，则于所做事有改良余地矣。[1]（《办公原则》）

3. 效率的

管理是指同别人一起，或通过别人使活动完成得更有效的过程。这个有效就包括了效率和效果两个方面。我们在这里看一下效率。效率是管理的极其重要的组成部分，它是指输入与输出的关系。对于给定的输入，如果你能获得更多的输出，你就提高了效率。类似的，对于较少的输入，你能够获得同样的输出，你同样也提高了效率。当管理者输入的资源是固定的，所以他们必然关心这些资源的有效利用。因此，管理就是要使资源成本最小化。

效率视所费时间、精力、财力与结果价值之比而定。所费多而成功少，则效率小，反之则大。欲效率之大，有两事需注意：（1）事当其时。（2）人当其才。不当时之事，不当才之人，皆有损于效率。种稻于冬日，用文人于耕耘，未有不败事者。

陶行知在另一篇《新教育》中也谈到了效率问题。

责成效率。凡做一事，要用最简便、最省力、最省钱、最省时的法子，去收最大的效果。做这件事，用这个方法，在一小时所收的效果是这样，用别个方法只需十分钟或五分钟，就有这样的效果，那后法就比前法为胜了。照此把时间、精力、金钱和效果的比较选择，可以得出一个最好的法子。[2]（《新教育》）

陶行知认识到了效率的重要性，那么如何提高效率，他提出了两个方面：一

---

[1]　顾明远，边守正主编.陶行知选集，第1卷[M].北京：教育科学出版社，2011.90.
[2]　顾明远，边守正主编.陶行知选集，第1卷[M].北京：教育科学出版社，2011.55.

是计划问题，二是工具问题。下面我们就来分析一下。

（1）计划性

要想提高管理的效率，就必须要制订计划。即使最终的结果没有完全达到预期的目标，管理过程本身就很有价值。计划是什么？简而言之，计划规定了管理过程中做什么和怎么做的问题。也就是说在管理的过程中，每个时期都有具体的目标，管理者规定了组织想达到什么目标和怎么实现这些目标。计划可以让管理者认真思考要干什么和怎么干。凡是认真进行计划，学校的工作就会有明确的方向和目的，将会使活动始终围绕管理目标和学生的教育目标开始，会极大提高工作效率，这就是计划的价值。

须先有计划。计划包括时间、精力、经济等而言。临时用人，必难当才；临事买物，其价必贵。一日有一日之计划，一年有一年之计划。日以实现年，而年之计划中，日这计划始有所依。有年之计划而无日之计划，则所谓计划者，必等诸空名，不能实现。有日之计划而无年之计划，则所谓计划者，必如不系之舟，盲动而无所成功。是以必先有计划。[1]（《办公原则》）

陶行知强调计划的意义何在？首先，计划可以给出学校发展的方向，减小变化冲击，使浪费和冗余减至最低，以及设立标准使得以控制。计划是一种协调过程，它给学校的管理者指明方向。当学校组织内所有成员了解了组织的目标和为达到目标他们必须作出什么贡献时，他们就能开始协调他们的活动，互相合作，结成团队；而缺乏计划则会走出许多弯路，从而使实现目标的过程失去效率。其次，计划可以减小不确定性，它还使管理者能够预见到行动的结果。计划还可以减少重叠性和浪费性的活动以便于进行控制，如果我们不清楚要达到什么目标，怎么判断我们是否已经达到了目标呢？在计划中我们设立目标，而在控制中，我们可以将实际的绩效与目标进行比较，发现可能发生的重大偏差，采取必要的校正行动。没有计划，就没有控制。

（2）工具须利

陶行知指出，要想提高效率，必须有科学的管理方法。他所说的工具须利，指的就是这一点。他以如何编制文件夹和如何记录报销账目为例，阐述了科学管理方法对提高效率的重要性。同时，他也指出，方法虽然应该改良，但不能经常变动。如果变更过于频繁，也不利于工作的完成。

善事必利器，器不利而求效能之增者，未之有也。各机关最要者为文件，旧机关中，

---

[1] 顾明远，边守正主编.陶行知选集，第1卷[M].北京：教育科学出版社，2011.90.

检查文件乃极难之事，盖编置无法，保存无方也。改进社制成庋藏文件夹数种，各文件无论其为何年何月者，一分钟内，皆可寻出。

报销之事，亦昔日所视最困难者，常专任一人任之。其实不复杂之机关，其账目不必先入"流水"，后再誊清分类，尽可采用分类账簿，一页中将门类分行账目属于何项，即在何项下记其数目及收条号数、年月日、事由等。如是，则每页终了作一结束，既可完事，不必苦向"流水"中寻类别，至头绪繁多，而手忙脚乱也。

工具固宜改良，然亦不宜常改。变更过勤，于所做事之进行，颇有妨碍。改良之事最好于结束时行之，庶几进行无伤，而方法日善。[1]（《办公原则》）

（二）民主管理原则

陶行知所办的学校无一不是令人瞩目的特色学校，这与他坚持民主管理的原则有密切的关系。陶行知坚持把对学校进行管理的决策权、执行权和监督权分开来，因而较好地避免了因个人独裁而带来的弊端。在陶行知所主持的学校里，不存在校长一个人说了算的情况，学校领导和师生员工都是平等的关系，学校的大事都要交由师生员工讨论，然后再作出决定。此外，陶行知还十分注意听取家长和社会对学校工作的批评意见，重视他们对学校工作的监督。在当前对学校的管理中，我们更要加强民主管理，必须努力实现由以往的由少数人对学校进行管理向全员管理转变，必须促使社会相关部门、相关人员也参与对学校的管理，使社会相关部门、学生家长、学校教师和学生共同参与对学校事务的管理。这有利于调动各方面的积极性，有利于发挥监督体系的功能，有利于保证决策的科学性与合理性，从而提高管理的效能。

1. 兴趣的

民主管理的第一个原则是提升工作兴趣。陶行知认为兴趣能减少疲劳，增加努力，对工作效率的提高有一定的帮助。他的这种看法是有理论依据的。人际关系理论就认为，提高满意度是提高劳动生产率的首要条件，高满意度来源于物质和精神两种需求。员工的动机和满意度等的提高可以促进其提高劳动生产率。实验证明，采用民主的、富有人情味的监督和泰罗制所采用的物质刺激、严格的控制等方式都是有效果的，但前者效果更佳。人际关系理论的代表人物梅奥就提出，人受社会需要的激励并在与其他人的关系中获得满足感、意义和价值。同来

---

[1] 顾明远，边守正主编.陶行知选集，第1卷[M].北京：教育科学出版社，2011.90.

自外部的刺激和管理控制比较，个人更容易对来自所在集体的社会压力做出反应。梅奥还认为个人对管理和组织的认同感和忠诚度主要取决于组织和管理是不是满足了他的社会需要。因此，管理的根本任务就是创造良好的人际关系气氛，满足组织成员的社会需要。陶行知所提出的这一原则，与人际关系理论的认识是一致的。

> 各人所做之事，皆能合其兴趣，此乃最难之事。……兴趣能减少疲劳，增加努力，于工作至有影响。人于不合兴趣之事，不但不愿有以改良之，且每因循敷衍，不利于己，有损于事，不幸莫大焉。[1]（《办公原则》）

2. 互助的

陶行知所提到的互助，其实质就是管理中的合作。他指出，一个组织中，有人会生病，也可能有其他意外发生，或有人离职。而当这一些情况发生时，必须要有人能代替其工作，避免因为个人问题导致组织运行的停顿。事实上，在学校组织中，这种合作还有着更重要的意义。在科学尚不发达、教育尚未普及的时代，教师的劳动显现了较多的个体性——一个人可以创办一所学校、一个人可以承担私塾里的全部教学任务，譬如孔子。但是，现代社会，由于科学和人自身的发展，使得培养人——这一伟大而艰巨的教育工程不再是哪一位教师所能独立完成的，而更多地依赖于教师同行之间的密切协作，教育活动成为一种综合性、协作性的劳动。"如果教师劳动过程中过分强调个体性，而缺乏团结协作性，那么，其劳动过程就缺乏必要的思维与方法碰撞，因而便缺乏集体智慧和创造性，而且凝结于劳动成果中的知识、智慧和德性含量，也是有限的。"那样，教育教学质量在整体上，就限定在了一个低水平徘徊的状态，而难以从整体上提高。

如果要从整体上提高教育教学质量，教师群体间的团结协作就变得举足轻重。教师群体的团结协作，是教师在工作中健康、快速成长与全面提高自身素质的内在要求。马卡连柯在长期的教育工作实践中深刻体会到："如果有五个能力较弱的教师团结在一个集体里，受着一种思想、一种原则、一种作风的鼓舞，能够齐心协力地工作，那他就比十个各随己愿的单独行动的优良教师要好得多。"[2]尤其是对于青年教师而言，当他初登讲坛的时候，仅凭一腔热情是不够的，缺少实践经验往往会导致工作中出现一些失误。在这种情况下，要使一名教师尽快在自身素质方面完善起来并提高其能力，就需要有经验的教师、年长的教师，以及优秀教

---

[1] 顾明远，边守正主编.陶行知选集，第1卷[M].北京：教育科学出版社，2011.94.

[2] [苏]马卡连柯著，刘长松等译.《论共产主义教育》[M].北京：人民教育出版社，1962.304.

师们通过传、帮、带、指等方式，传授经验。如果缺少这方面的合作，仅靠个人去拼、去闯，那么，优秀教师很难脱颖而出，他们适应工作、胜任工作的成长过程就要延长，这对教育过程和教育事业都是不利的。

办公固不当为人，然人与人之互助，不因此而减少。人不能常健康，亦不能无其他意外重大事，于是有离职之一问题。一机关中，苟无人能代其职务者，则当其离职也，此项职务必完全停顿。故一机关中，最好一人于其所办之事，必有第二人能十分明了其职务，则虽有缺席离职之时，而事无停顿阻碍之日。且公事中亦有需合作者，是更赖互助精神以成之。次则为经济之互助。西国机关办事人员，往往有互助保险之举。再者，娱乐之互助亦为不可少者。盖感情之联络，甚有得于此也。[1]（《办公原则》）

这种合作不仅仅体现在教师的管理上，还体现在学生的管理中。现代社会的高度协作化使得合作共生、合作共享成为一项基本要求，是人具有的一项重要品质。俗话说"一双筷子轻轻被折断，十双筷子牢牢抱成团"，在现实工作和生活中，很多事情单单靠一个人的力量是很难解决的，只有通过合作，利用大家的资源和能力才能又快又好地解决问题，最终实现大家共同的目标和心愿。管理工作也是如此，有相当多的工作是需要大家共同合作去完成的，从组织目标的确定到教育活动的实施，从学校环境的建设到学校制度的确立，各方面的工作都离不开教师之间、学生之间、教师和学生之间的合作。学生间的相互合作，使得学生更能理解别人，更能倾听别人的声音去接受不同意见；使得学生懂得礼让、尊重；使得学生之间能不断碰撞出智慧的火花，产生新观念新想法。

每一个学生的成才成人都是集体智慧、集体劳动的结晶，没有相互间的团结合作，就很难有效实现学生的全面发展。团结协作有利于创造良好的教育环境，增强教育影响的一致性和有效性。

3. 教育的

陶行知论述这一原则时提出，在日常管理过程中，如果所做的事情没有任何变化，应付逐渐成为习惯。做一件事，固然希望这件事情能够办好，然而更希望人在这个过程中能够进步。如果变成了简单的重复劳动，那还有什么长进可言。每个人都有积极向上的愿望，不希望终身从事简单的劳动而没有任何发展的希望。管理者应当考虑到这一点。要让那些有进步要求的人有这样的机会。同时，要鼓励员工学习，要不断开阔员工的视野，否则工作就丧失了兴趣了。

[1] 顾明远，边守正主编.陶行知选集，第1卷[M].北京：教育科学出版社，2011.95.

办公者，因所办之事，日日无所变更，逐渐成习惯，而流为机械。治一事，固望事之进步，然亦望人有进步。若成为机械，则何长进之有？故为一机关之领袖者，不可不留意于此。人有向上之理智，故其做一事，决不愿终其身于此而无进步之望。为领袖者，则当利其向上之心理，使做事有进步者，得依进步渐升较优之职，则人皆努力于所做之事，而求有以改进之，昔之所谓机械者，今则活动矣。同时于一机关各部职务所需乃所参考之书籍，宜为之代置。则公务之暇，可得学问，因学问之进益，遂有升职之望，且间接于该机关之事，亦必多有所补益。尤有进者，即除各项专门知识之书籍外，人生普通必要之知识，亦当有以灌输之，盖公事房中之人，同时亦为世界之人，凡世界之大势，思想之潮流，皆宜知之。不然，日坐公事房中，兴趣索然，毫无人生乐趣，则又何优于监狱耶？[1]（《办公原则》）

20 世纪 50 年代末期，赫茨伯格和他的助手们在美国匹兹堡地区对二百多名工程师、会计师进行了调查访问。访问主要围绕两个问题：在工作中，哪些事项是让他们感到满意的，并估计这种积极情绪持续多长时间；又有哪些事项是让他们感到不满意的，并估计这种消极情绪持续多长时间。赫茨伯格以对这些问题的回答为材料，着手去研究哪些事情使人们在工作中快乐和满足，哪些事情造成不愉快和不满足。结果他发现，使职工感到满意的都是属于工作本身或工作内容方面的；使职工感到不满的，都是属于工作环境或工作关系方面的。他把前者叫作激励因素，后者叫作保健因素。

那些能带来积极态度、满意和激励作用的因素就叫作"激励因素"，这是那些能满足个人自我实现需要的因素，包括：成就、赏识、挑战性的工作、增加的工作责任，以及成长和发展的机会。如果这些因素具备了，就能对人们产生更大的激励。

我们如果用双因素理论来分析陶行知的这一管理原则就不难看出，他关注教师的发展是非常正确的。人的工作不光是为了钱，为了环境的改善，更多的是需要从工作中获得满足，在工作中提升自己。这是管理者在管理过程中要考虑的，如何激发工作的积极性，以便更好地满足教师发展的需求。

4. 开诚布公

管理原则中最后一个原则，也是最重要的原则就是公开原则。陶行知强调，管理要有明确的标准，没有标准就会影响工作的效率。生活社每周都有公开报告，

────────────

[1] 顾明远，边守正主编.陶行知选集，第1卷[M].北京：教育科学出版社，2011.92.

让办公人员了解物价情况。这样做，一是办公人员知道每样物资的价格，就减少了浪费。二是避免了以权谋私、中饱私囊的状况出现。三是各办事人员可以比较货物的贵贱，一旦发现购买的物品贵了，告知管理人员，这样能够买到更便宜的，降低成本。最后，这样做也避免了同事之间伤感情的事情发生。

须有一共同不悖之基础，即开诚布公是也。无标准不过使人头绪不清，进行迟缓；至无公开之基础，则一事莫举。所谓标准者，必有所附丽，而后始能互相提携，互促改良。不然则当见各标准散漫凌乱，格格不相通。……是以论理之方法，仍须有伦理之目的，此开诚布公基础不可少也。改进社庶务，每周有公开之报告，报告物价单位，此有数益。（一）无滥费。各办公人员，明乎物价之轻重，则不滥用。（西式信笺，每张约五分，如不知者每以之起草，迨知其价甚昂，乃异之唯恐不及。）（二）庶务不能舞弊。盖单位之价格既为同事所共知，势不能妄加增减，以谋中饱。（三）可得更便宜之货物。各办事人员，既知物价单位，则随时可发现较此货物贵贱之物，一遇便宜者，可告庶务购置之。（四）可免感情之伤。不公开之机关中，同事每暗论长短，尤以论庶务者为多。因之感情日恶，嫌隙易生，小则损一时之事，大则败机关之名，不可不慎也。此为开诚布公之一常例，推而行之，其益无穷。[1]（《办公原则》）

（三）学校环境建设

关于学校环境建设，陶行知提出了两点，一是重视办公环境的整洁美观，二是重视办公环境的卫生。他指出，中国的办公室是最不讲美观的。就像猪槛和马厩一样，令人望而生厌。办公室固然不应该金碧辉煌，过于奢侈，但也要整洁干净。我们每个人每天在办公室要待8个小时，如果环境太差，会让人感觉痛苦。其次，要重视办公用品的整洁。表格、信件都应是整齐的。最后是办公人员，应该衣着整洁。如果办公人员蓬头垢面，衣服另类，虽然办公环境整洁，也会让人感觉不舒服。

在讲究环境美的同时，还要注意办公室的卫生情况。空气流通，光线充足，桌椅高低合适，这样才能使人感觉舒适。

中国办公处，最不讲美观。猪槛马厩，望而生厌。是以办公处不能不稍事讲究，以求适于美的观念。吾人在办公室八小时，占全天时间约三分之一，若物质环境太劣，实至痛苦。所谓美者，固不应流于奢侈，金碧辉煌，玑珠满架，美则美矣，然失之奢。

[1] 顾明远、边守正主编.陶行知选集，第1卷[M].北京：教育科学出版社，2011.95.

苟能布置适宜，错落有致，清雅幽静，几净窗明，亦能使人心怡目悦，恋恋而不肯去。次之，所办之事，亦宜有美术。表格，最贵整洁；信件，亦宜雅致……办公室不仅为物质环境，同时仍有人的环境，若办公者囚首垢面，衣履乖张，虽玉堂椒房，亦使人不乐……美术尚条理，重秩序，当作不作，不当作而作，皆不美。

办事有美术的意味，则精神上得无限安慰；若再能合卫生原则，则心身并受其益矣。中国办公者，多在揪隘卑湿之小屋中，既无口光，亦无空气，又复椅桌之高低，不合人体，办公者更则随地吐痰，随时吸烟，于是办公室之空气，污浊而不堪。近视者有之，驼背者有之，病肺者有之，患脑者有之。疾病时生，人无宁口，而公事遂亦因之而减其效率。是以办公室，必合卫生，椅桌之高低，光线之强弱，空气之通塞，墙壁之颜色，皆宜配合适宜，总以能使人舒畅而安为是。……为办公人员稍置体育设备，亦促进体育之一端"。[1]（《办公原则》）

对办公环境的认识还应该更进一步。我们不光要重视办公环境的建设，更要强调学校环境的建设。人的健康状况与环境的优劣密切相关。良好的环境能有效地提高人的健康水平，不良的环境则导致人身体素质的下降。对于青少年来说，其大部分时间在学校中度过，学校教学环境直接决定着他们的健康水平。首先，学校应为学生提供良好的卫生环境。卫生环境是学校教学环境的重要组成部分。良好的卫生环境包括新鲜的空气、充足的阳光、清洁的水源、洁净的校园和校舍等，此外，还包括讲究卫生的良好风气和习惯。有了良好的卫生环境，学生的健康就有了可靠的保证。其次，学校应为学生提供适宜的设备环境。大量的教学实践和经验都表明，学校设备的完善程度及使用情况直接关系到学生的健康。据研究，50 名学生以内的班级一般应有 54 平方米的教室，教室的采光方向要正确，教室窗口与地面的距离，在单侧采光时不应小于进深的 1/2，两侧采光时不宜小于 1/4。电灯要光线均匀柔和，亮度适当，课桌面的照度应有低于 50 米烛光。学生用的课桌椅应与身高适应，一般情况下，桌高应为身高的 3/7，椅高应为身高的 2/7。黑板应保持黑色或黑绿色，平整、无裂缝、不反光。教室中前排课桌离黑板不少于 2 米，最后排不超过 9 米。总之，学校的设备应该符合学校卫生学的标准和学生的生理特点，以促进学生身体的充分发育和生长为目的。[2]

[1]　顾明远，边守正主编.陶行知选集，第1卷[M].北京：教育科学出版社，2011.

[2]　皇甫全，王本陆主编.现代教学论学程[M].北京：教育科学出版社，2003.271.

四、学生自治

提倡学生自治是陶行知学校管理思想与实践的一大特色。陶行知没有把学生自治仅仅看成是一种管理方式，而是从教育的角度，提升到了实现民主的层面。在陶行知看来，对学生实行民主与自治的管理，从根本上讲是在倡导一种生活方式。他曾尖锐地批评，在中国近现代社会里，独裁的作风在社会和学校都没有消除。要想实现民主，就必须有民主的精神，而这在现代学校里，最好的学习方式就是学生自治。另一方面，陶行知重视学生自治，他把学生自治作为对学生进行德育教育的重要途径。陶行知的《学生自治问题之研究》对学生自治的含义和意义、范围和方法、学生自治与学校的关系以及学生自治中需要注意的问题等进行了详细的阐述。理解陶行知的学生自治思想，必须要对一篇文章进行深入的学习。文章不仅在理论上为我们阐述了学生自治的内涵和意义，还在操作层面详细地论述了自治的范围、方法及注意的问题。

（一）学生自治的内涵

学生自治有三个要点：学生自治是团体上的自治，是全校学生共同参与的管理活动；自治是指自己管理自己，由自己立法、执法、司法；学生自治稍不同于其他自治在于，学生在求学阶段，有练习自治的意思。因而学生自治不是孤立、放任、脱离学校的个体自由活动，而是学生共同参与学校治理，进行民主的对话和合作。因此学生自治的定义是学生结成团体，学习自己管理自己的手续。即通过学生自治，学生形成自主解决问题的能力和精神。而学校需要做的就是给学生创造民主的环境，给予他们有利于成长的空间和机会。

这篇所讨论的学生自治，有三个要点：第一，学生指全校的学生，有团体的意思；第二，自治指自己管理自己，有自己立法、执法、司法的意思；第三，学生自治与别的自治稍有不同，因为学生还在求学时代，就有一种练习自治的意思。把这三点结合起来，我们可以下一个定义："学生自治是学生结起团体来，大家学习自己管理自己的手续。"从学校这方面说，就是："为学生预备种种机会，使学生能够大家组织起来，养成他们自己管理自己的能力。"[1]（《学生自治问题之研究》）

---

[1]　顾明远，边守正主编.陶行知选集，第1卷[M].北京：教育科学出版社，2011.564.

由此看来，陶行知重视学生自治，其最主要的目的在于通过自治来培养学生自我管理能力，进而形成民主的精神。英国教育家斯宾塞说过，你的管教目的应该是培养一个能够自治的人，而不是一个要让别人来管理的人。然而，我们看到，在当前的学校管理过程中，学校管理过程缺乏学生的参与。很多学校不愿也不敢让学生参与到学校管理中去。他们不注重培养学生自主学习、独立思考的能力，只注重教师向学生传授知识，学生学习课本知识，理论与实际相脱离等不良现象仍然普遍存在。这种状况使得学生、学校教育都变得死气沉沉，没有活力。因此，借鉴陶行知学生自治思想，完善当前学生管理工作仍然非常必要。

（二）学生自治的意义

1. 实现民主的重要途径

民主"democracy"是由"democratia"演变而来，其基本含义为："demos"意思是"人民"，"kratos"意思是"统治"。因此，民主与君主制和贵族制不同，它强调的是人民实行统治。现代社会的人民是公民，而不再是奴隶社会的奴隶、封建社会的臣民。奴隶主和奴隶的关系是所有和被所有的关系，封建主和农奴的关系是半所有和半被所有的关系，并且无论是在奴隶社会还是在封建社会，国家为君主所有，实行的是"家天下"，国家或封建主是世袭的。而在现代社会，人民是公民，公民有法定的权利和义务，国家是属于人民的，国家的领导人是公民依法选举产生或通过公民的代表选举产生，公民和国家的关系是一种契约的平等关系。既然国家是属于人民的，要想实现民主，就必须培养具有民主意识的公民。社会的发展趋势是民主的，为社会培养人的教育是为了民主的，同时教育自身也应该是民主的，民主的教育才能培养具有民主精神和民主实践的人。学校教育是为人的社会生活做准备，而学生自治则是实现民主的重要途径。

第一，是实现民主共和的需要。今天的学生，是未来的公民；未来我们需要的公民什么样，是由今天我们培养的学生所决定的。专制的国家需要的公民，是顺民，是习惯于独裁下逆来顺受的；民主社会所需要的公民，就需要他们有自治的能力。我们既然号称是共和国，就要有自治能力的公民。而想有自治能力的公民，先要从教育做起。

今日的学生，就是将来的公民；将来所需要的公民，即今日所应当养成的学生。专制国所需要的公民，是要他们有被治的习惯；共和国所需的公民，是要他们有共同自治的能力。中国既号称共和国，当然要有能够共同自治的公民。想有能够共同自治的公民，必先有能够共同自治的学生。所以我们从国体上看起来，我们学校一定要养成学生共同自治的能力，否则不应算为共和国的学校。[1]（《学生自治问题之研究》）

民主是现代政治的核心与实质，是社会进步和文明程度的重要指标，政治民主化是现代社会政治发展的必然趋势。一个国家的政治民主的程度与一个国家人民的文化程度或受教育水平有着密切的关系，甚至一个国家政体的选择也与其国民的文化素质有着一定的关系。

教育是推动政治民主化的重要力量。民主意识的启蒙、深入和提升，民主观念的确立，不可能不依靠教育。民主意识和民主观念又与科学意识和科学水平紧密相关，人没有一定水平的科学知识，是很难萌发真正的民主意识和民主观念的。正因为如此，当时，在一个文盲充斥、国民愚昧的国家里，独裁政治、个人崇拜和官僚主义是比较容易形成气候的。所以，一个国家教育普及的程度和国民文化素质的高低，是不断提高和推进政治民主化的重要前提与保障。

教育不仅可以通过提高人们的一般科学文化素质来为政治的民主化提供前提与保障，而且还可以通过教育自身的民主化来培养年轻一代一定的民主意识和正确的民主观念。比如，教育制度的民主化、受教育权利的民主化、教育决策与管理的民主化、教育资源分配的民主化、师生关系的民主化等，都可以在教育中营造一种平等、自由、合作的民主氛围，对学生的民主意识产生潜移默化的影响。

第二，是维护社会稳定的需要。在两种情况下社会是稳定的，一种是人民没有民主意识，情愿被统治；一种是人民有自治的能力。这两种情况下社会都不会发生动荡。最容易发生动荡的社会，是人民有了民主意识，又不能够实现自治。所以，当人民有了民主意识时，就需要有自治的能力，使他们能够自我约束，自我管理。学校中提倡自治，不仅是学校管理的需要，也是消除社会动荡的一个重要措施。

一国当中，人民情愿被治，尚可以苟安；人民能够自治，就可以太平；那最危险的国家，就是人民既不愿被治，又不能自治。所以当这渴望自由的时候，最需要的是给他们种种机会得些自治的能力，使他们自由的欲望可以自己约束。所以时势所趋，非学校中提倡自治，不足以除自乱的病源。[2]（《学生自治问题之研究》）

第三，是培养共和国公民的需要。如何培养具有民主意识的公民，必须要让他们从小就接受民主的教育。如果学生在专制、独裁的氛围下成长，很难想象他们能够成为合格的社会公民。这就愈发显示出学生自治的重要性。自治的方法才

---

[1] 顾明远，边守正主编.陶行知选集，第1卷[M].北京：教育科学出版社，2011.565.
[2] 顾明远，边守正主编.陶行知选集，第1卷[M].北京：教育科学出版社，2011.565.

能培养出自治的公民。

共和国要有能自治的国民，也须使做国民的时常练习服从的道理，久而久之，习惯成自然，他们也就能够自治了。所以，养成服从的人民，必须用专制的方法；养成共和的人民，必须用自治的方法。如果用专制的方法，可以养成自治的学生公民，那么，学生自治问题，还可以缓一步说；无奈自治的学生公民，只可拿自治的方法将他们陶熔出来。所以从方法这方面着想，愈觉得学生自治的需要了。[1]（《学生自治问题之研究》）

2.学生成长的需要

陶行知曾提出智育注重自学，体育注重自强，德育注重自治的教育思想，他认为民主自治是学校管理的主要途径，能调动学生的积极性，增强主人翁意识；能培养学生独立自主开展活动的能力，充分发挥每个人的聪明才智和首创精神；能培养学生的自我管理能力、实行自我教育。这些都是学生成长中所必须的。当然，陶行知的学生自治思想并不是让学生随心所欲，而是全体学生在教师指导下的共同治理，是大家共同立法，共同制定规章制度，在此基础上进行"共同自治"。这样的自治并不是让学生作茧自缚，而是要最大程度体现集体的智慧，把日常活动变成学生共同参与、协调解决的过程。

第一，学生自治可为修身伦理的实验。

学生自治可以促进学生个性品质发展。个性品质主要表现为个体主体意识、个性和创造性的发展。主体意识是一个人可以安身立命的重要精神品质，特别是在现代社会这样一个崇尚个性、创造性和突出能力的时代。主体意识，也就是自主意识，它是人对于自身的主体地位、主体能力和主体价值的一种自觉意识。一个具有主体意识的人，一定是自信的人，一定是精神世界强大的人，一定是有理想和目标的人，一定是具有积极的主观能动性的人，一定是追求自由的人，一定是永不放弃的人。在学生自治中，一个具有较强的主体意识的学生，会积极参与学校的各项活动，并希望在班级活动中使自己的才华和能力得以施展，能够把困难当作挑战，化压力为动力，想方设法解决困难，力求取得最佳效果。学生自治对于培养学生的主体意识有着重要作用。

修身伦理一类的学问，最应注意的，在乎实行；但是现今学校中所通行的修身伦理，很少有实行的机会；即或有之，亦不过练习仪式而已。所以嘴里讲道德，耳

---

[1] 顾明远，边守正主编.陶行知选集，第1卷[M].北京：教育科学出版社，2011.565.

朵听道德，面所行所为却不能合乎道德的标准，无形无影当中，把道德与行为分而为二。若想除去这种弊端，非给学生种种机会，练习道德的行为不可。共和国民最需要的操练，就是自治。在自治上，他们可以养成几种主要习惯：一是对于公共幸福，可以养成主动的兴味；二是对于公共事业，可以养成担负的能力；三是对于公共是非，可以养成明了的判断。简单些说：自治可以养成我们对于公共事情上的愿力、智力、才力。[1]（《学生自治问题之研究》）

第二，学生自治能适应学生之需要。

陶行知认为，学校的规章制度并不能由校长单方面决定，而应该由所有当事人来协商来订立，所订条文要清楚、简单，力戒含糊或烦琐。他特别强调，关于对学生进行管理的制度最好由学生自己来决定，因为由校长个人所定的规章和所办的事体，不免与学生是隔膜的，即使勉强定下来，也会出现问题。当前学校对学生的管理，民主化成分不足，不少学校制定的规章制度，实行的一些政策与学生的愿望和需要有差异，学生的权利并没有得到充分的维护，存在诸如学校规章制度与学生发展需要相矛盾等问题也就在所难免。因此，在依照规章管理学生的同时，体现出人性化管理方式，将人性化管理渗透到制度化管理中，充分发挥学生的主体性作用，尊重学生的人格权利，为学生提供更多的发展机会和选择空间就显得尤为必要。

我们与学生经验不同，环境不同，所以合乎我们意的，未必合乎学生的意。勉强定下来，那适应学生需要的，或者遗漏掉；那不适应学生需要的，反而包括进去。等到颁布之后，学生不能遵守，教职员又不得不执行，却是左右为难。甚至于学生陷于违法，规则失了效力，教职员失去信用。若是开放出去，划出一部分事体出来，让学生自己治理，大家既然都有切肤的关系，所定的办法，容或更能合乎实在情形了。这就是说，有的时候学生自己共同所立的法，比学校里所立的更加近情，更加易行，而这种法律的力量，也更加深入人心。大凡专制国家的人民，平时晓得法律是什么，只到了犯法之后，才明白有所谓法律。那么，法律的力量，大都发现于犯法之后，这是很有限的。至于自己共同所立之法就不然，从始到终，心目中都有它在；平日一举一动，都为大家自立的法律所影响。所以自己所立之法的力量，大于他人所立的法；大家共同所立之法的力量，大于一人独断的法。[2]（《学生自治问题之研究》）

---

[1] 顾明远，边守正主编.陶行知选集，第1卷[M].北京：教育科学出版社，2011.566.
[2] 顾明远，边守正主编.陶行知选集，第1卷[M].北京：教育科学出版社，2011.567.

第三，学生自治能辅助风纪之进步。

学生自治能够辅助形成良好的风纪。学生出现问题，通常情况下都是由教职员来纠正。这样存在两个问题：一是教师在场的情况下，学生就规规矩矩，一旦教师离开，就会出现混乱。二是学生们会觉得，既然有教职员负责，自己不必多事。看到学生的违纪行为也不会去纠正。

学生有过失，都责成少数职员监察纠正。其弊病有两种：第一种是少数职员在的时候，就规规矩矩，不在的时候，就肆行无忌；第二种是学生以为既有职员负责，我们何必多事，纵然看见同学为非，也只好严守中立。这是大多数的学生所抱持的态度。所以一人司法，大家避法。我们要想大家这云消雾散，就须使各人的行为，对于大家负责。换句话说，就是要共同自治。[1]（《学生自治问题之研究》）

第四，学生自治能促进学生经验之发展。

我们在培养儿童的过程中，不能过于拘束儿童。多让儿童活动，他才能长得活泼有精神。道德教育上也如此，我们要想让儿童的道德认识转化为道德行为，就必须让他面对问题。例如，自行组织主题班会，可以采取学生为主体的方式，由学生干部组织学生讨论主题，各抒己见，从而使学生能够充分展现自我，增强自主能力。在组织班会的过程中可能会遇到各种问题，如学生的合作问题、公平问题等等。学生遇到问题，自己想办法解决，对于学生自主能力的提高有促进作用。问题解决的越多，经验越丰富，学生的荣誉感、责任心都会有提高。

我们培植儿童的时候，若拘束太过，则儿童形容枯槁；如果让他跑，让他跳，让他玩耍，他就能长得活泼有精神。身体如此，道德上的经验又何尝不然？我们德育上的发展，全靠着遇了困难问题的时候，有自己解决的机会。所以遇了一个问题，自己能够想法解决他，就长了一层判断的经验。问题自决得越多，则经验越丰富。若是别人代我解决问题，纵然暂时结束，经验却也被旁人拿。所以在保育主义之下，只能产生缺乏经验的学生；若想经验丰富，必须自负解决问题责任。[2]（《学生自治问题之研究》）

（三）学生自治的弊端

陶行知还认为，自治是与责任相联系的，别人号令而要我负责，就叫作被治，

---

[1] 顾明远，边守正主编.陶行知选集，第1卷[M].北京：教育科学出版社，2011.567.
[2] 顾明远，边守正主编.陶行知选集，第1卷[M].北京：教育科学出版社，2011.568.

别人负责而由我号令，就叫作治人，都失去了自治的本意。自治应是自己的事情自己做，自己负责。学生自治的范围应以学生负责的事为限，同时学校应负指导参与的责任。他详细分析了学生自治如果办得不当可能出现的偏差。第一点，只要有学生自治，就会有权利的分配问题。如分配不公，就会在团体内出现驱使公众争夺权利。第二点，如果权利运用得不当，就会把自治变成驾驭别人。第三点，出现学生与学校的对峙。最后一点，就是学生之间出现矛盾，相互争斗。

学生自治如果办得不妥当就要发生这几种弊端：

第一，把学生自治当作争权的器具。大凡团体都有一种特别的势力，这种势力比个人大得多。用得正当，就能为公众尽义务；用得不当，就能驱公众争权利。学生自治是一种团体的组织，所以用得不妥当的时候，也是一种危险。

第二，把学生自治误作治人。这个危险是随着第一个顺路下来的。有的时候，这也是个自然的趋势。因为有了团体，一个不谨慎，就有驾驭别人的趋势。刘伯明先生说："人当为人中人，不可仅为人上人。"这句话，是我们共和国民的指南针。

第三，学生自治与学校立在对峙地位。学生自治会与学校当有一种协助精神，不可立在对峙的地位，但是办得不妥当，这种对峙的情形，也是免不掉的。不过这是一种很不幸的现象，不是师生之间所宜有的。

第四，闹意气。学生有自治的机会，就不得不多发言论，多立主张，多办交涉，一不小心，大家即刻闹出意气；再由闹意气而彼此分门别户，树立党帜，于是政客的手段，就不得不传到学校里来了。[1]（《学生自治问题之研究》）

虽然可能出现这些问题，但我们仍然要意识到，学生自治是必须的。学生自治如果没有管理好，所有社会上出现的问题都会在学校中出现。但我们要知道，这些是因为管理不当的原因，而不是学生自治这件事的问题。如果大家能够树立服务意识，自我管理，互相协助，勤于沟通，那么我们就可以享受到自治的好处了。无论学生自治出现什么样的问题都是对学生的发展有益的。前面也谈到，学生自治是一种练习。出现问题，有同学切磋，有教师辅导，即使失败也有纠正的机会。如果因为害怕这些弊端而不肯自治，那么将来到社会上可能面临更大的失败。

学生自治如果办理不善，则凡共和国所发现的危险，都能在学校中发现出来。但我们要注意，这许多弊端都是办理不妥当的过处，并非学生自治本体上的过处。如果厉行自治的时候，大家不愿争权，而愿服务；不愿凌人，而愿治己；不愿对抗，

---

[1]　顾明远，边守正主编.陶行知选集，第1卷[M].北京：教育科学出版社，2011.568.

而愿协助；不愿负气，而愿说理，那么，自治之弊便可去，自治之益便可享了。这种利害关头，凡做国民的都要练习。我们在学校的时候，有同学的切磋，有教师的辅助，纵因一时不慎，小有失败，究竟容易改良纠正。若在学校里不注意练习，将来到了社会当中，切磋无人，辅助无人，有了错处，只管向那错路上走，小而害己，大而害国。这都是因为做学生的时候，没有练习自治而致。所以学生自治如果举行，可以收现在之益；纵小有失败，正所以免将来更大的失败。[1]（《学生自治问题之研究》）

（四）学生自治范围的标准

首先，要有计划地自我管理。陶行知认为，学生的自我管理不是盲目的自我管理，而应该是自觉的管理自己，是有计划、有目的对自己进行管理。因此，学校要积极鼓励和支持学生通过多种渠道，努力实施有计划的自我管理，参与、监督和促进学校的日常管理工作，从而进一步增强学生的主人翁地位，强化学生的主体性作用，通过参与管理，达到学生自律的功能。同时，引导学生要相互管理、彼此监督。发现违背学校、班级规章制度办事的学生要互相提醒，这样有利于督促那些自控能力差的学生，强化其自我管理的意识和行为。

其次，学生要多领域多层面全方位地参与学校各项事务。学校管理存在很多事务工作，如日常管理、活动管理、文化管理等等，这些工作都可以让学生参与进来，对于学生来说不能有"死角"。在不同的管理领域，学生积极参与，亲历亲为，可以得到更多面的锻炼和发展，管理的效果和效率也一定会让人惊喜。

再次，学生要全员参与班级管理。全体学生都参与到自治中去，这样才能培养学生的集体意识和责任感，并能使全体学生的各方面能力都得到锻炼。教师要激励每个学生，充分发挥他们的各方面能力和聪明才智，去执行任务，实现目标。

最后，学生要自愿参与到管理的事务中去，而非强迫。参与学校的管理活动一定是以自主自愿为原则的。当然，这种自主自愿并不意味着学生参与不参与管理，而是在合理的范围之内，在遵守规则基础上的学生的自主自愿，如果学生的"自主选择"违反了规则，侵害了集体的利益，那么这种自主自愿是不被接受的。例如我们可以考虑在学校卫生、宿舍等方面，促使部分学生参与学校管理，提高学生的责任感和工作能力，同时通过参与管理，达到学生自律的功能。

---

[1] 顾明远、边守正主编.陶行知选集，第1卷[M].北京：教育科学出版社，2011.569.

规定学生自治范围的标准：

第一，学生自治应以学生应该负责的事体为限。学生愿意负责，又能够负责的事体，均可列入自治范围；不应该由学生负责的事体，就不应列入自治范围。因自治与责任有连带关系，别人号令而要我负责，就叫作被治；别人负责而由我号令，就叫作治人，都失了自治的本意。所以学生自治，应以学生负责的事为限。

第二，事体愈要观察周到的，愈宜学生共同负责，愈宜学生共同自治。

第三，事体参与的人愈宜普及的，愈宜学生共同负责，愈宜学生共同自治。

第四，依据上列三种标准而定学生自治的范围时，还须参考学生的年龄、程度、经验。

施行学生自治应注意之要点：

学校要为学生自治提供各种机会，使学生能够组织起来，使之更加贴近学生的实际情况，更加便于执行，更加深入人心。让学生实行相互监督和自我约束，共同守法，促进团体中的每一位成员自觉对自己行为负责，也对整个团体负责，从而培养学生自我管理和共同管理的能力。

需要指出的是，民主是相对于集中而言的，是在集中指导下的民主。学生自治决不意味着学生的放任自流，它应该在学校的有效指导下实现。学校要将学生自治看成一件大事来对待，要积极协助学生组织、参与自治活动。

第一，学生自治是学校中的一件大事，全体学生都要以大事看待它，认真去做；学校里也须以大事看待它，认真赞助，若以为它是寻常小事，不加注意，没有不失败的。

第二，学生自治如同地方自治。地方自治之权，出于中央；学生自治之权，出自学校。所以学生自治，虽然可以由学生改动，但是学校认可一层，似乎也是应有的手续。

第三，学生自治之有无效力，要看本校对于这个问题是否有相当了解和兴味。如果大家都明白他的真意，都觉得他的需要，那么，行出来必能得大家的赞助。所以未举行学生自治之前，必须利用演讲、辩论、谈话、作文等形成充分的舆论。

第四，法是为人立的：含糊误事，故宜清楚；烦琐害事，故宜简单。

第五，推测一校学生自治的成败，一看它的领袖就知道。所以要提高学生自治的价值，就须使最好的领袖不得不出来服务。如果好的领袖洁身自好，或有好的领袖而大众不愿推举，都不是自治的好现象。

第六，学校与学生始终宜抱持一种协助贡献的精神。

第七，学校与学生对于学生自治问题，须采取一种试验态度。章程不必详尽，组织不必细密，一面试行，一面改良，虽然中途难免挫折，但到底必有胜利。[1]（《学生自治问题之研究》）

[1] 顾明远，边守正主编.陶行知选集，第1卷[M].北京：教育科学出版社，2011.569.

第四部分
"培养生活力之创造"
——陶行知的创造教育思想

一、陶行知创造教育理论概述

在中国现代教育史上，陶行知先生最早明确地提出了要对儿童进行创造教育。他在自己长期的教育实践里，非常重视儿童创造力的培养，创造的儿童教育思想是其全部教育思想中的一个重要的组成部分。陶行知先生曾对此作过许多具有前瞻性的精辟论述。这些关于创造教育的论述集中体现在《创造宣言》、《创造的儿童教育》、《实施民主教育的提纲》、《民主教育》、《小学教师与民主运动》等文章中，形成了内涵丰富，极具思想价值的教育学说。他对创造教育的认识，所提出的创造教育的方法不仅在当时具有先进性，在今天，对我们培养儿童的创造力，仍有着借鉴意义。

陶行知的这一教育思想，从时间发展来看，形成于 20 世纪三四十年代，从 30 年代初期开展"科学下嫁"运动开始，中经育才学校进行的创造教育实践，直到其教育思想的最后升华——民主教育为止，使得他的这一教育思想渐趋成熟，渐趋完整。

早在 20 世纪 20 年代，陶行知就开始了儿童教育理论研究和实践探索，提倡办"乡村幼儿园"和"乡村中心小学"，主张改革中国旧的传统教育，宣传新型的进步教育，并大声疾呼要解放儿童的创造力。他从当时列强胜于科技，我国失于创造的痛苦经历中，认识到创造教育的重要。

作为教育家的陶行知，从教育救国的观念出发，积极为中华民族寻找新生命。1931 年 3 月，他自日本归国后，于教育实践方面所从事的第一件大事，就是在史量才的帮助下，开展"科学下嫁"运动。陶行知认为要想使中华民族成为一个科学的民族，就必须从现在起在儿童身上下功夫，学会掌握自然科学的本领，养成运用科学驾驭自然势力的能力。他的著名的《儿童科学教育》一文，即是向杭州师范全体师生作出的科学演讲。在这次演讲中，他一再强调小学教师对于培养科学的儿童、造就科学的中国负有极大的责任。

陶行知"创造的儿童教育"思想形成于 20 世纪三四十年代，这一教育思想的产生是与特定的时代背景密切相关的。三四十年代，中国仍是一个半殖民地半封建社会，蒋介石国民政府在国内实行法西斯专制独裁统治，推行封建、买办、法西斯教育，此时日本帝国主义把侵略矛头直指中国，民族存亡危在旦夕。"九·一八"事变的爆发将民族危机推向更紧要的关头，在民族危亡的生死关头，陶行知没有把目光仅仅局限于教育上，而是赋予了教育新的使命，他认识到，有创造的教育才代表着中华民族的新生。重视创造教育，不仅仅是教育的需要，而是民族发展的需要。可见陶行知"创造的儿童教育"思想的形成是把对旧教育的批判和挽救民族危亡紧密联系在一起的。他反对读死书，反对旧学校引导学生脱离实际、埋头书本，"两耳不闻窗外事"，不顾国家的前途，民族的命运，一头钻在书本里去找"黄金屋"、"颜如玉"。强调挽救民族危亡，必须提升一个民族的创造力。

陶行知尖锐地指出中国旧教育是"奴性"太多，它只能培养唯唯听命的旧制度的奴才，而要担当起改造中国重任的新一代，必须是有主动性、自觉性、创造性的人。他曾在国民参政会上和大量的讲演、文章中，对国民党法西斯奴化教育进行了猛烈的抨击。在批判旧教育，挽救民族危亡的斗争实践上，陶行知通过长期的教育理论研究与教育实践探索，认准了只有通过"创造的教育"才能使儿童的创造力发挥出来，成为创造新中国的小主人。这一认识是相当可贵的，因为创造精神正是半殖民地半封建的旧中国所非常缺乏的，又是中华民族自立自强所不可缺少的。

二、对创造的认识

（一）创造的价值

陶行知倡导的尊重创造精神和培养创造才能的教育观，既是生活教育理论的重要特点，同时又是时代发展的急切呼唤。三四十年代的中国，正处在民族危亡的生死关头，陶行知从教育救国的观念出发，大声疾呼只有创造的教育才能使中华民族获得新生，他歌颂创造的活力。回想起来，半个多世纪之前的陶行知先生能以现代科学的眼光，认识到培养和开发儿童创造力的重要性，并在具体的教育实践中，提出一系列富有创见性的观点，这不能不说是相当难能可贵的，极具现实意义。

陶行知在《儿童的世界》中论述了创造教育在儿童发展中的重要性。要想建设他心目中的儿童的世界，就必须让儿童动手去创造。

在大人的世界之遗迹上，我们要创造儿童的。儿童世界里，只有真话没有谣言，只有理智没有恐怖，只有创业没有享福，只有公道没有歹徒，只有用的书没有读的书，只有人——只有人中人，没有人上人，没有人下人，没有奴隶。

大人代儿童造的世界必是于儿童有害的。儿童的世界是要由儿童自己动手去创造。我们要停止一切束缚，使儿童可以自由活动，这儿童的世界，才有出现的可能。所以我们最重要的工作在解放儿童的头脑与双手；儿童的手脑一经解放，这新的儿童世界自然会应运而来了。[1]（《儿童的世界》）

在知识经济时代，全球各国之间的竞争将在各个领域展开，且会越来越激烈，特别是在科技领域、经济领域的竞争尤为突出。因此，一个国家、一个民族能否培养出具有科学素养、创新能力的人才将关系到这个国家、这个民族在国际上的地位和影响力。在这场无硝烟的竞争中，拥有创新型的人才是一个关键因素，因此，全球化的基础教育课程改革正紧锣密鼓地在各国拉开，我国也不例外。当前，我国基础教育领域正在进行着一场全面的整体性的改革，教育改革的终极目标正朝着培养具有实践能力和创新能力的人才目标前进。20世纪30年代，陶行知先生第一次全面、完整地阐述了他的创造教育思想。他的创造教育思想在当今的教育改革中仍具有现实的借鉴价值。

要想了解他的创造教育思想，我们再来看陶行知的另一篇文章《创造宣言》，在这篇文章中，陶行知充满热情地讴歌了创造。他指出，教育的目的就是要创造真善美的活人。就教师而言，教师的创造，不像宗教家、恋爱至上主义者、美术家，不是造神，不是造石像，不是造爱人。教师"所要造的是真善美的活人"；教师的成功是"创造出值得自己崇拜的人"。他指出，先生之最大的快乐，是创造出值得自己崇拜的学生，创造出值得自己崇拜之创造理论和创造技术。说得正确些，先生创造学生，学生也创造先生，先生、学生合作而创造出值得彼此崇拜之活人。

创造主未完成之工作，让我们接过来，继续创造。

宗教家创造出神来供自己崇拜。最高的造出上帝，其次造出英雄之神，再其次

---

[1]　顾明远，边守正主编.陶行知选集，第2卷[M].北京：教育科学出版社，2011.286.

造出财神、土地公、土地婆来供自己崇拜。省事者把别人创造的现成之神来崇拜。

恋爱至上主义者造出爱人来崇拜。笨人借恋爱之名把爱人造成丑恶无耻的荡妇来糟蹋，糟蹋爱人者不是奉行恋爱至上主义，而是奉行万恶无底主义的魔鬼，因为他把爱人造成魔鬼婆。

美术家如罗丹，是一面造石像，一面崇拜自己的创造。

教育者不是造神，不是造石像，不是造爱人。他们所要创造的是真善美的活人。真善美的活人是我们的神，是我们的石像，是我们的爱人。教师的成功是创造出值得自己崇拜的人，先生之最大的快乐，是创造出值得自己崇拜的学生。说得正确些，先生创造学生，学生也创造先生，学生、先生合作而创造出值得彼此崇拜之活人。倘若创造出丑恶的活人，不但是所塑之像失败，亦是合作塑像者之失败。倘若活人之塑像是由于集体的创造，而不是个人的创造，那末这成功失败也是属于集体而不是仅仅属于个人。在一个集体当中，每一个活人之塑像，是这个人来一刀，那个人来一刀，有时是万刀齐发。倘使刀法不合于交响曲之节奏，那便处处是伤痕，而难以成为真善美之活塑像。在刀法之交响中，投入一丝一毫的杂声，都是中伤整个的和谐。

教育者也要创造值得自己崇拜之创造理论和创造技术。活人的塑像和大理石的塑像有一点不同，刀法如果用得不对，可以万像同毁，刀法如果用得对，则一笔下去，万龙点睛。[1]（《创造宣言》）

陶行知批判了那些不愿意创造、懒于创造和不敢创造的人。指出时时有创造、处处有创造。他从八大山人谈到《易经》的产生，从爱迪生谈到六祖慧能，从取经的唐僧谈到歌德，展示给我们无数先人创造的例子。他通过对创造的讴歌，让我们认识到处处有创造、时时有创造、人人可创造。创造是伟大的，然而，创造本身却是一项艰巨的、艰苦的工程。爱迪生发明第一个电灯泡，做了1200多次实验；歌德创作《浮士德》历时40年。进行创造，要有完成创造的坚强意志，要能够在创造活动中不怕困难、百折不回，不怕失败，不达目的誓不罢休，这就是陶行知一再强调的进行创造要有金刚的意志与信念。

有人说：环境太平凡了，不能创造。平凡无过于一张白纸，八大山人挥毫画它几笔，便成为一幅名贵的杰作。平凡也无过于一块石头，到了菲狄亚斯、米开朗琪罗的手里可以成为不朽的塑像。

---

[1] 顾明远，边守正主编.陶行知选集，第2卷[M].北京：教育科学出版社，2011.233.

有人说：生活太单调了，不能创造。单调无过于坐监牢，但是就在监牢中，产生了《易经》之卦辞，产生了《正气歌》，产生了苏联的国歌，产生了《尼赫鲁自传》。单调又无过于沙漠了，而雷赛布 (Lesseps) 竟能在沙漠中造成苏伊士运河，把地中海与红海贯通起来。单调又无过于开肉包铺子，而竟在这里面，产生了平凡而伟大的平静。

可见平凡单调，只是懒惰者之遁辞。既已不平凡不单调了，又何须乎创造。我们是要在平凡上造出不平凡；在单调上造出不单调。有人说：年纪太小，不能创造，见着幼年研究生之名而哈哈大笑。但是当你把莫扎特、爱迪生，及冲破父亲数学层层封锁之帕斯卡尔 (Pascal) 的幼年研究生活翻给他看，他又只好哑口无言了。

有人说：我是太无能了，不能创造。但是鲁钝的曾参，传了孔子的道统；不识字的慧能，传了黄梅的教义。慧能说："下下人有上上智。"我们岂可以自暴自弃呀！可见无能也是借口。蚕吃桑叶，尚能吐丝，难道我们天天吃白米饭，除造粪之外，便一无贡献吗？

有人说：山穷水尽，走投无路，陷入绝境，等死而已，不能创造。但是遭遇八十一难之玄奘，毕竟取得佛经；粮水断绝，众叛亲离之哥伦布，毕竟发现了美洲；冻饿病三重压迫下之莫扎特，毕竟写了《安魂曲》。绝望是懦夫的幻想。歌德说：没有勇气一切都完。是的，生路是要勇气探出来，走出来，造出来的。这只是一半真理，当英雄无用武之地，他除了大无畏之斧，还得有智慧之剑、金刚之信念与意志，才能开出一条生路。古语说：穷则变，变则通。要有智慧才知道怎样变得通，要有大无畏之精神及金刚之信念与意志才变得过来。

所以处处是创造之地，天天是创造之时，人人是创造之人，让我们至少走两步退一步，向着创造之路迈进吧。

像屋檐水一样，一点一滴，滴穿阶沿石。点滴的创造固不如整体的创造，但不要轻视点滴的创造而不为，呆望着大创造从天而降。[1]（《创造宣言》）

为了让人们对创造教育有进一步的认识，他举了樵夫割草的例子来深入地阐述创造的可能性。最后，陶行知以充满深情的语句呼唤人们重视创造。我们用什么样的语言都无法解读他对创造的热爱，只能静静地欣赏、默默地品味，感受着先生沸腾的热血和如火的热情。

东山的樵夫把东山的茅草割光了，上泰山割茅草，泰山给他的第一个印象是：茅

---

[1] 顾明远，边守正主编.陶行知选集，第2卷[M].北京：教育科学出版社，2011.234.

草没有东山多。泰山上的"经石峪"、"无字碑"、"六贤祠"、"玉皇顶"，大自然雕刻的奇峰、怪石、瀑布、豢养的飞禽、走兽、小虫和几千年来农人为后代种植的大树，于他无用，都等于没有看见。至于那种登泰山而小天下之境界，也因急于割茅草而看不出来。他每次上山拉一堆屎，下山撒一泡尿，挑一担茅草回家。尿与屎是他对泰山的贡献，茅草是他从泰山上得到的收获。茅草是平凡之草，而泰山所可给他的又只有这平凡之草，而且没有东山多，所以他断定泰山是一座平凡之山，而且从割草的观点看，比东山还平凡，便说了一声："泰山没有东山好。"这话被泰山一棵树苗听见了，它想到自己老是站在寸土之中，终年被茅草包围着，徒然觉得平凡、单调、烦闷、动摇，幻想换换环境。一根树苗如此想，二根树苗如此想，三根树苗如此想，久而久之成趋向，便接二连三地，一天一天地，听到树苗对樵夫说："老人家，你愿意带我到东山去玩一玩么？"樵夫总是随手一拔，把它们一根一根地和茅草捆在一起，挑到东山给他的老太婆烧锅去了。我们只能在樵夫的茅草房的烟囱里偶尔看见冒出几缕黑烟，谁能分得出哪一缕是树苗的，哪一缕是茅草的化身？

割草的也可以一变而成为种树的老农，如果他肯迎接创造之神住在他的心里。我承认就是东山樵夫也有些微的创造作用——为泰山剃头理发，只是我们希望不要把它的鼻子或眉毛剃掉。

创造之神！你回来呀！你所栽培的幼苗是有了幻想，樵夫拿着雪亮亮的镰刀天天来，甚至常常来到幼苗的美梦里。你不能放弃你的责任。只要你肯回来，我们愿意把一切——我们的汗，我们的血，我们的心，我们的生命——都献给你。当你看见满山的幼苗在你监护之下，得到我们的汗、血、心、生命的灌溉，一根一根地都长成参天的大树，你不高兴吗？创造之神！你回来呀！只有你回来，才能保证参天大树之长成。

罗丹说："恶是枯干。"汗干了，血干了，热情干了，僵了，死了，死人才无意于创造。只要有一滴汗，一滴血，一滴热情，便是创造之神所爱住的行宫，就能开创造之花，结创造之果，繁殖创造之森林。[1]（《创造宣言》）

陶行知为什么如此重视创造教育？因为创新对于一个民族的进步，有着非常重大的意义。在地球上数以万计的生物物种中，唯有人类创造了光辉灿烂的文明。人类从最初的茹毛饮血一步步发展到了今天的巡天潜海，而当初与人一起生活在丛林之中的其他物种还不能离开那片丛林，还在继续重复着其遗传本能所赋予的

---

[1] 顾明远，边守正主编.陶行知选集，第2卷[M].北京：教育科学出版社，2011.236.

生存方式。人类为什么这样幸运? 对此我们至今无法从生物进化的角度做出令人信服的回答, 但是我们却明白无误地知道, 人类的幸运在很大程度上是得益于自身特有的一种品性, 这就是创造或创新能力。人类发展史上的每一点进步都是创新的结果, 创新是人类进步的阶梯。在人类发展的漫长历史中, 取火技术的发明、铁器的创造、电力的发明、信息技术的发明以及基因技术的诞生等都是具有划时代意义的重大创新。这每一项创新及其应用都给人类社会带来了翻天覆地的变化, 都使人类生活得到了革命性的提升。

然而概观世界各民族, 我们发现人类进步的脚步并不一致。有的民族早已进入后工业时代, 有的民族还停留在刀耕火种的农业时代。有的民族兴旺发达, 有的民族暮气沉沉。同为人类, 不同民族之间为什么会有这么大的差别? 其中的原因当然很多, 有自然条件方面的原因, 也有民族自身文化方面的原因。

打开不同民族的发展史, 我们或许可以比较品味出影响不同民族发展进程的一些文化因素。以当今世界头号强国美国为例, 五百多年前, 美洲大陆还是印第安人的天下, 而当哥伦布率领一批船员经过九死一生的漫长航行踏上这片土地以后, 它就与来自世界各地的冒险者们结下了不解之缘。从那时起一批又一批的冒险者怀着对新生活的希望, 以生命做赌注, 经过千艰万险会聚到这里, 他们一无所有, 一切都要从头开始, 一切都需要他们去开拓, 去创造。因此可以说, 美国人从一开始就是与冒险、创新、进取、交融等特征联系在一起的。这是美国文化独特的基因。正是美国文化中具有进步意义的冒险、创新、进取、交融这些特征, 使美国人会在英属殖民地中率先打响独立战争, 会有独立宣言, 各种新思想、新观点会层出不穷, 会抛出《国家处在危险之中》这样激励国人改革与进取的报告, 正是这些特征使美国在短短的两百多年间成为世界头号强国。

中华民族的情况又有不同, 五千年的中华文明史从某种程度上说也是一部多民族、多种文化交融的历史。从炎黄二帝逐鹿中原开始, 经历了多次民族大融合, 数十个民族后来变得难解难分, 共同创造了中华民族的文化。民族融合使得中华文化具有了一种海纳百川的包容性, 同时也自然形成了一种不断交流、学习、改革、创新的传统。这就是为什么在很长时间内, 汉族人民能够在种植、渔猎、饲养、开采、冶炼等社会生产的基本领域长期保持先进水平, 并且能够向人类贡献四大发明的原因。而自 17 世纪至清朝末年, 中华民族一度衰落, 究其内因, 正是由于当时的统治者视野狭窄, 在一些重大决策上故步自封、因循守旧、缺乏创新意识所致。一个民族要有进步和发展, 就必须保持不断学习和创新的状态。

（二）什么是创造

创造力一词是由拉丁语"Creare"派生而来的。"Creare"的大意是：创造、创建、生产、造成。它与另一个拉丁词"Crescere"（成长）的词义相近。从词源上看，创造力的大意是"在原先一无所有的情况下，创造出新的东西"。在心理学上，创造力的含义，历来争议不断。目前，较为一致的看法是把创造力定义为根据一定目的，运用已有知识，产生出某种新颖、独特，有社会或个人价值的产品的能力。这是成功地完成某种创造性活动所必需的心理品质。

一般而言，每个精神健全的人都具有一定的创造力，它能使人获得满足感，消除挫折感，为人类提供一种对于自己以及对于生活的积极态度。从历史发展观来看，"创造是人类永恒的活动，是人类本性和本质力量的最高表现"。人类自诞生以来，一时一刻也没有离开创造，现代文明所建树的一切，无一不是创造的功绩。

陶行知认为，儿童有创造力。作为一个教育工作者，应该注重培养儿童的创造力，充分发挥儿童的创造力。

创造的儿童教育，不是说教育可以创造儿童。儿童的创造力是千千万万祖先，至少经过五十万年与环境适应斗争所获得而传下来之才能之精华。发挥或阻碍、加强或消弱、培养或摧残这创造力的是环境。教育是要在儿童自身的基础上，过滤或运用环境的影响，以培养加强发挥这创造力，使他们长得更有力量，以贡献于民族与人类。教育不能创造什么，但它能启发解放儿童创造力以从事于创造之工作。[1]（《创造的儿童教育》）

陶行知的"小孩子有创造力"的论点在古今中外的实际生活中也可得到充分的证明。从中国古时来看，三国时的曹植7岁能写诗，初唐的王勃6岁善文赋，晚唐的白居易五六岁即可即席赋诗，7岁写出"离离原上草，一岁一枯荣。野火烧不尽，春风吹又生"的名诗，北宋的晏殊7岁开始写文章。国外如高斯9岁能解级数求和的问题，麦克斯韦14岁发表数学论文，巴斯噶13岁已成为伟大的思想家，莫扎特4岁时开始作曲，13岁时他已名誉欧洲。从当今现实生活来考察，幼时便具有相当发达的智力，并表现一定创造力的儿童，更是层出不穷，屡见不鲜。据有关数据记载，我国江西南昌市宁铂7岁时攻读医书，能看脉象，准确地诊断病情，9岁学习天文，能用肉眼识别几十个星座。辽宁抚顺市10岁儿童吴大可归纳出"序

---

[1]　顾明远，边守正主编.陶行知选集，第2卷[M].北京：教育科学出版社，2011.299.

数推算法"。美国小女孩维尼伏雷特，3 岁能写论说文，4 岁用世界语写剧本。苏联 9 岁小姑娘伊扎木·拜捷米罗娃创作一首钢琴和民族乐协奏曲《山间》，作品受到专业作曲家的推崇，如此事例，不胜枚举。古今中外的这些事实，能充分说明儿童是有创造力的。

现代生理科学实验的结果也表明，陶行知认为"小孩子有创造力"的论点，是符合实情并有充分科学依据的。近年来，人类对大脑的研究取得了一系列重大的突破性进展。现代神经生理学的研究表明，人的大脑分为 3 级皮质区，婴儿一出生就有完全成熟的大脑皮质第 1 级区，而比较复杂的第 2 级区和第 3 级区却不够成熟，其上层宽度不够发达，细胞所占的面积比较小。但这些重要皮质区在儿童生活的 3-3.5 岁时增长得特别迅速，其扩展要持续到 7 岁 -12 岁。从最新的生理研究材料来看，3 岁儿童的脑重是 1011 克，7 岁儿童是 1280 克，12 岁儿童是 1400 克，而成人脑重一般为 1300-1500 克。这意味着，仅就脑重而言，一个 12 岁的儿童就已经基本达到一个成人的水平了。儿童脑重的迅速发展也相应地促进了儿童智力的迅速发展。倘以 17 岁时所达到的智力作为 100，那么，从出生到 4 岁就取得 50% 的智力，4 岁到 8 岁取得另外的 30% 的智力，其余的 20% 智力在 8 岁至 17 岁时取得，此后便是智力的缓慢发展时期。有的科学家指出，人的大脑估计具有 140 亿神经细胞，从 18 岁至 20 岁后逐年减少。这些生理研究材料表明，人从出生到 17 岁，是具有相当的创造力基础的，完全可以从事发明创造的工作。

三、创造的方法

陶行知先生指出，要培养儿童的创造力，就必须首先解放儿童的创造力，而儿童创造力的解放就是要把学生的基本自由还给学生，解放他们的头脑、双手、眼睛、嘴、空间和时间。他的这一解放儿童创造力的教育主张充分体现了现实开展创造教育所应树立的学生主体性发展观。创造教育倡导树立学生主体发展意识，把学生看成是活生生的有主体意识的人，具有发展和完善自身的动力机能，而不是装知识的口袋，也不是任意灌注的容器。他们是充满活力而且有着无限发展的创造潜能的人。作为教育者，应尊重学生在教育中的主人地位和在教学中的主体地位，建立民主平等友好合作的师生关系，摆脱对立服从的关系，克服"师道尊严"的传统观念，这对学生主体精神的充分发挥，主体人格的丰富与完善以及学习积极性、主动性的有效激发，都有重要作用。在教学中，教师应多引导学生积极思维，变单纯的传授为启发学生自己动脑思考、动手操作；允许学生有自己的见解或在学习和成长中出现这样或那样的错误；尊重学生的自主选择权，允许学生有自己的兴趣爱好，学生只有在受到充分尊重的情况下，在自由而又和谐的环境与氛围中，才会心情舒畅，思维活跃，发挥创造潜能，增强创造意识。

陶行知针对传统教育扼杀儿童生活力与创造力的弊端，首先提出了对儿童实行"六大解放"的主张，并认为只有对学生实行"六大解放"，学生的创造力才可以最大限度地发挥出来。

（一）解放小孩子的头脑

他指出，封建社会妇女被裹脚布把脚缠成"三寸金莲"，而今青年的脑袋竟也被裹头布缠住，要把人们的头脑缠成"三寸金头"，他坚决反对限制、束缚青年思考的裹头布，即国民政府的思想统治政策，深刻地揭露了这种奴化教育的反动性质。实验研究表明，一个人的思路越开阔，越容易产生创造性思维，其创造力越高。反之，一个人的思想越狭窄，越不容易产生创造性思维，其创造力越低。因此，要培养儿童广开思路，遇到问题从多个角度来考虑的习惯，以提高儿童的创造力。

我们要发展儿童的创造力，先要把儿童的头脑从迷信、成见、曲解、幻想中解放出来。迷信要不得，成见要不得，曲解要不得，幻想更要不得，幻想是反对现实的。这种种要不得的裹头布，要把它一块一块撕下来，如同中国女子勇敢地撕下了裹脚布一样。

自从有了裹脚布，从前中国妇女是被人今天裹，明天裹，今年裹，明年裹，骨头裹断，肉裹烂，裹成了一双三寸金莲。自从有了裹头布，中国的儿童、青年、成人也是被人今天裹，明天裹，今年裹，明年裹，似乎非把每个人都裹成一个三寸金头不可。如果中华民族不想以三寸金头出现于国际舞台，唱三花脸，就要把裹头布一起解开，使中华民族的创造力可以突围而出。三民主义开宗明义就说：大凡人类对于一件事，研究其中的道理，首先发生思想，思想贯通，以后才生信仰，有了信仰，才生力量。思想贯通，便等于头脑解放。唯独从头脑里解放出来的创造力，才能打退日本鬼，建立新中国。[1]（《创造的儿童教育》）

如何解放儿童的头脑，首先，开展创造教育首先要求始终关注对学生创造精

---

[1] 顾明远，边守正主编.陶行知选集，第2卷[M].北京：教育科学出版社，2011.301.

神的培养。创造精神一般是指人在创造活动过程中表现出来的精神状态，也就是人所具备的某些与创造活动密切相关的优良个性品质。而要达到这一目标就必须要求我们首先解放儿童的头脑。

其次，重视创造性思维的培养。创造性思维是人在创造活动过程中的基本思维方式。它是一种由抽象思维、形象思维、发散性思维、集中性思维、直觉思维、灵感思维、批判思维、想象思维等所构成的一种综合性思维。如果说创造精神只是人的创造素质的起点，那么创造性思维才是人的创造素质的核心。培养创造性思维，离不开头脑的解放。

有创造精神的学生一般都有自己的独特见解，遇事好动脑筋，对老师较少盲从。我们较多老师对这类学生往往没有好感。不少老师喜欢的是顺从的、听话的、从不发表与老师不同意见的学生。这样评价学生实际上极不利于学生健全个性的形成，极不利于学生创造精神的培养。历史上无数事实证明，发现与发明都有一个共同特点，即起始于求异思维，能在大家习以为常的事物中提出不同的见解。而学生时代盲目顺从，长大后很可能成为人云亦云的平庸之辈；缺少健全的个性特征，长大后很可能会丧失敢为人先的进取精神。

最后，在培养学生科学思维方式的同时，要着重培养学生的创造性思维能力。我们要注意，创造性思维是有机的整体，都要求思维的流畅性。即能够由此及彼，由表及里；思维的变通性，即能够举一反三，触类旁通；思维的独特性，即能够标新立异，与众不同；丰富的想象力，即能够浮想联翩，推陈出新。陶行知曾强调指出，要发展儿童的创造力，先要把儿童的头脑从迷信、成见、曲解和幻想中解放出来。

（二）解放小孩子的双手

陶行知认为，人类从能直立行走以来，由于双手的解放，人类的进步便超越一切动物。从此人类便凭借双手创造工具、武器、文字，并用以从事更高级的创造活动。假使人类把双手束缚起来，就不能执行头脑的命令。要根绝这种弊病，就必须解放儿童的双手。

人类自从腰骨竖起，前脚变成一双可以自由活动的手，进步便一天千里，超越一切动物。自从这个划时代的解放以后，人类乃能创造工具、武器、文字，并用以从事于更高之创造。假使人类把双手束缚起来，就不能执行头脑的命令。我们要在头脑指挥之下用手使用机器制造，使用武器打仗，使用仪器从事发明。中国对于小孩子一直是不许动手，动手要打手心，往往因此摧残了儿童的创造力。[1]（《创造的儿童教育》）

陶行知在这里为我们讲了一个母亲因为金表被拆坏责打孩子的故事，还以爱迪生的母亲关心爱迪生成长的故事为例，说明长辈们不要轻易否定了儿童的创造力。在爱迪生时代，美国学校的先生也是非常的顽固，因为爱迪生喜欢玩化学药品，不到三个月就把他开除了，幸而他有一位贤明的母亲，了解他，把家里的地下室让给他做实验。爱迪生得到了母亲的了解与支持，才一步步地使自己成为发明之王。那时，美国小学的先生不免也阻碍学生的创造力的发展。我们希望父母和教师跟爱迪生的母亲学，让小孩子有动手的机会。

一个朋友的太太，因为小孩子把她的一个新买来的金表拆坏了，在大怒之下，把小孩子结结实实打了一顿。后来她到我家里来说："今天我做了一件极痛快的事，我的小孩子把金表拆坏了，我给了他一顿打。"我对她说恐怕中国的爱迪生被你枪毙掉了。我和她仔细一谈，她方恍然大悟，她的小孩子这种行动原是有出息的可能，就向我请教补救的办法。我说："你可以把孩子和金表一块送到钟表铺，请钟表师傅修理，他要多少钱，你就给多少钱，但附带的条件是要你的小孩子在旁边看他如何修理。这样修表铺成了课堂，修表匠成了先生，令郎成了速成学生，修理费成了学费，你的孩子好奇心就可得到满足，或者他还可以学会修理咧。"小孩子的双手是要这样解放出来。中国在这方面最为落后，直到现在才开始讨论解放双手。在爱迪生时代，美国学校的先生也是非常的顽固，因为爱迪生喜欢玩化学药品，不到三个月就把他开除，幸而他有一位贤明的母亲，了解他，把家里的地下室让给他做实验。爱迪生得到了母亲的了解，才一步步地把自己造成发明之王。那时美国小学的先生不免也阻碍学生的创造力的发展。我们希望保育员或先生跟爱迪生的母亲学，让小孩子有动手的机会。[2]
（《创造的儿童教育》）

陶行知认为，儿童创造力的发挥，不但需要解放头脑，还需要解放儿童的双手，让手脑结合。30年代初，陶行知在开展"科学下嫁"运动时，就认为，科学的孩子必须动手去做，用脑去想。能做到手脑并用的人，才是有创造力希望的人。陶行知认为科学的教育，应该培养儿童手脑并用，从事生产实践，从事科学研究实验，从事发明创造。他在《手脑相长歌》一诗中写道："人生两个宝，双手与大脑。用

[1] 顾明远，边守正主编.陶行知选集，第2卷[M].北京：教育科学出版社，2011.302.
[2] 顾明远，边守正主编.陶行知选集，第2卷[M].北京：教育科学出版社，2011.302.

脑不用手，快要被打倒。用手不用脑，饭也吃不饱。手脑都会用，才算是开天辟地的大好佬。"这是陶行知在晓庄学校遭到封闭后写下的一首诗，后又改作育才学校的校歌。这种手脑相长并用的"大好佬"，正是陶行知理想中的教育人才。

我们今天来看陶行知的解放孩子双手的理论，仍然有着现实意义。目前，在我们中小学生甚至很多高校学生中间，手脑分离现象相当普遍，许多学生不能把所学知识应用于生产生活实际中去，更无望奢谈什么发明创造，出现了典型的高分低能现象。很多在国内成绩优秀的学生，到了国外后，发现他们的动手能力非常差。从1989年首届国际信息学奥林匹克竞赛至1997年第九届竞赛，唯有我国参赛选手全都获得过奖牌，但却很少有人在创作方面有所突破，到目前为止，我国还从未自己培养出诸如物理、生物学科诺贝尔奖的获得者。然而，不可否认的是，真正在国际社会高科技竞争面前，我们并没有多少立足之地。

可是，在我国现行的教育体制中，仍把知识、技能的传授视为教育的一切，只让学生苦坐教室、手捧书本，不学稼圃，不会劳动，脱离社会，这样，学生成了单纯的消费者，他们没有机会表现自己，没有机会生产价值。这种学用脱节，理论与实际分离，用脑的不会动手，用手的不会动脑，仍是我们现行教育的较典型特征。这种光有知识，不会应用，不会解决现实问题的学生掌握的书本知识再多，也不是我们现实社会所需要的人。因此，解放学生的双手，培养学生动手能力应该成为当前我国基础教育课堂教学改革的一项重要内容。

前苏联教育家苏霍姆林斯基曾说，儿童的智慧在他的手指尖上，并认为那些双手灵巧的儿童，热爱劳动的儿童，能够形成聪明的、好钻研的智慧。日本医学博士中山修曾指出，人的双手从事灵巧的动作，能把大脑中创造性区域的活动激发起来。可见，学生双手能否解放，直接影响其创造力的发挥，那么怎样使学生的双手得到解放呢？我们的学校教育不妨这样尝试着在课堂教学中，教师指导学生尝试做一些与教学内容相关的直观教具来辅助教学，在做理、化、生方面的实验时，老师一定多让学生亲手做一做，试一试，提高学生的观察力、思维力。我们还可以在学校开辟一块小型自然园区，让学生通过对花草树木的栽种、培植，来了解植物的生长发育规律及对美化环境所起的作用。引导学生参与小发明、小制作等科技活动，是许多中小学行之有效的培养学生创造力的重要途径。文艺活动本身就是一种极富创造性的活动，对于开发学生右脑、培养学生形象思维能力和丰富想象力都有不可替代的作用。

当然，学生的双手能否解放，关键还是取决于教育者的教育观念能否革新。能否使学生的手脑做到真正意义上的结合。参与教育实践活动是创造教育的重要内容之一。引导学生参与各种实践活动，既能进一步激发学生的创造热情与创造兴趣，并使之保持长盛不衰，又能促进学生获得真知识，学会真本领，不断增强实践能力，最终成长为创造性人才。

未来的社会是一个信息的社会，在信息的流通中，学生是否善于搜集、分析、筛选、利用、重组有关信息，是学生能否进行创造活动的一项重要实践能力。因此，老师要创造条件，引导学生主动参与搜集、分析信息活动，培养学生搜集、分析信息的能力。特别是引导学生参与各种社会实践活动是培养学生创新精神和实践能力的重要一环。

（三）解放小孩子的嘴

陶行知认为，中国一般习惯是不许多说话，儿童很少有言论自由。家长和老师都喜欢听话的孩子，大人说什么，小孩就听什么，就照着做，就会被赞许。久而久之，使儿童养成一种盲从陋习。这种情况是不利于儿童成长的。陶行知主张解放儿童的嘴，使之能说。他认为，儿童只有得到言论自由，特别是问的自由，才能充分发挥他的创造力。

小孩子有问题要准许他们问。从问题的解答里，可以增进他们的知识。孔子入太庙，每事问。我从前写过一首诗，是发挥这个道理："发明千千万，起点是一问。禽兽不如人，过在不会问。智者问得巧，愚者问得笨。人力胜天工，只在每事问。"但中国一般习惯是不许多说话。小孩子得到言论自由，特别是问的自由，才能充分发挥他的创造力。[1]（《创造的儿童教育》）

让学生"有疑"、"求问"，是我国传统的教学方法之一。两千多年前的孔子，曾提倡"每事问"，并发明了叩竭法；宋代的张载充分研究了"疑"在学习中的特殊意义，提出了"于无疑处有疑，方是进矣"的评价标准；朱熹也说过，读书无疑者，须教有疑。可见，我国古代教育家们很早就研究并利用了这种方法。一般来说，但凡教学比较有经验的教师都懂得：学生知识的积累和能力的形成，不仅在于认真听取教师的讲解和接受教师传授的知识，还在于他自己的积极思维，善于提出疑问。因为，人类的认知过程告诉我们，人的思维是在实践中遇到要解决的问题时产生的，人类的智慧是在不断发现问题和解决问题的过程中发展的。所

---

[1] 顾明远，边守正主编.陶行知选集，第2卷[M].北京：教育科学出版社，2011.303.

以，教师的职责，不光是要求学生听从自己的见解，更应该欢迎学生提出不同的见解；不光是教师向学生发问，还应该鼓励学生向教师提问。

我国学生的提问能力普遍较差。在传统课堂教学中，提问是老师的专利，教学只需按教师设计的问题一个个解决就行，学生的任务就是学答；学校教育把追求高效率作为主要目标之一，教师的权威也必不可少，这样，则容易造成课堂教学不容学生质疑，使学生处于屈从的地位。久而久之，就形成了学生不善于提问，缺乏足够的提问技巧，提问时词不达意，从而也使学生不愿提问。

就目前我国中小学课堂教学现状而言，学生在课堂上自由提问的气氛并未形成。课堂上，学生很少有主动提问的，更少有与老师争论的，往往安静的环境，正是老师所希望的。似乎安静沉默、唯师是从的学生才是好学生。老师讲的都是真理，经老师一讲，好像一切问题都解决。一旦遇到学生提出自己难以回答的问题时，有些教师要么说些牵强附会的话搪塞过去，要么找理由回避，似乎说"不知道"是一件十分丢面子的事。如此一来，叫学生如何"有疑"、"求问"？

如何培养学生的提问能力？教师对学生的提问一定要十分注意，认真听取，并鼓励学生在提问时与自己一起探讨。学生提问若不明确，教师应与学生一起思考，并热情加以引导，帮助学生理清思路，抓住关键。学生提问如果出现错误，教师绝不能加以嘲笑，相反，应肯定学生大胆提问的态度。另外，培养提问能力要面向全体学生，注意让每一个学生都能养成善于提问的习惯。总之，教师的重要责任之一，就是要努力转变学生观念，树立正确的评价观，培养学生敢于提问、善于提问，使学生尝到发现问题的乐趣。

综上所述，要解放学生的嘴，必须培养他们善于思考，有疑必问的习惯。首先，要鼓励学生多提问题。古语说"学则须疑"、"学贵有疑"，可见，有疑并非无知，疑实为学之始。从这一认识出发，教师在教学中，理应鼓励学生多提问题。据说，在剑桥大学，维特根斯坦是大哲学家穆尔的学生。有一天，另一位大哲学家罗素问穆尔："谁是你最好的学生？"穆尔毫不犹豫地回答："维特根斯坦。""为什么？""因为在我的所有学生中，只有他一个人在听我的课时，老是露着迷惘的神色，老是有一大堆问题。"后来，维特根斯坦的名气超过了罗素。有人问："罗素为什么落伍了？"维特根斯坦回答说："因为他没有问题了。"这一事例显然是鼓励人们发现和提出问题。在许多外国教师看来，学生能提出问题，哪怕是自己回答不出的问题，就意味着自身教育方法的高妙，就证明自己课堂教学的成功。否则，就是自己无能的表现。这一点，实在值得我们当教师的好好学习。

其次，教师要善于激疑。"学起于思，思源于疑"，思维发于问题，教师能否有效地激起问题，是触发学生思维有关键。在现实教学中，许多教师也认识到，多提问题，对启发学生思维有积极作用，但要说明的是，有时我们老师提的问题，要么不得要领，使学生无从回答；要么问题提出根本没什么价值，学生无兴趣回答。

（四）解放小孩子的空间

陶行知指出，小孩子的空间需要解放，要让他们去接触自然和社会。因为，创造需要广博的基础，只有解放了空间，才能搜集丰富的资料，扩大认识的眼界，内在的创造力才能得以发挥。

从前的学校完全是一只鸟笼，改良的学校是放大的鸟笼。要把小孩子从鸟笼中解放出来。放大的鸟笼比鸟笼大些，有一棵树，有假山，有猴子陪着玩，但仍然是个放大的模范鸟笼，不是鸟的家乡，不是鸟的世界。鸟的世界是森林，是海阔天空。现在鸟笼式的学校，培养小孩用的是干腌菜的教科书。我们小孩子的精神营养非常贫乏，这还不如填鸭，填鸭用的还是滋养料，让鸭儿长得肥胖的。我们要解放小孩子的空间，让他们去接触大自然中的花草、树木、青山、绿水、日月、星辰以及大社会中之士、农、工、商、三教九流，自由地对宇宙发问，与万物为友，并且向中外古今三百六十行学习。创造需要广博的基础。解放了空间，才能搜集丰富的资料，扩大认识的眼界，以发挥其内在之创造力。[1]（《创造的儿童教育》）

陶行知先生的这一认识，对我们今天的学校教育仍有重要的现实意义。我国目前中小学课堂教学仍较为普遍地受到接受式教育观的支配与影响。其基本表现是：以书本知识为内容，以课堂教学为阵地，以教师活动为中心，以教师讲、学生听的形式，把书本知识原原本本地传授给学生。由于学生把课堂看作是获取知识的唯一场所，只偏重于书本知识的掌握，忽视课外其他形式的教育活动，致使学生的发展带有明显的片面性。一般表现为视野狭隘，知识面窄，无创造性，看待问题方法片面，不关心时事等方面。针对于此，必须解放学生的空间，让他们在学好课堂知识的同时，有一定的自由去接触自然，了解社会，我们要尽可能为学生心智的自由发展提供更多的机会，让正在成长中的学生去探索自己的人生之路，让处于发展中的学生去发展自己潜在的能力，按自己的兴趣和意愿去学习或做事，并在边学边做的过程中，引导学生不断自我完善，不断增强社会责任感，

---

[1] 顾明远，边守正主编.陶行知选集，第2卷[M].北京：教育科学出版社，2011.303.

成为符合社会发展需要的创造型人才。

（五）解放小孩子的时间

20 世纪 30 年代初，国民政府教育部施行毕业会考制度。据史料记载："1932 年 5 月，教育部公布《中小学毕业会考暂行规程》。其目的为'整齐学生毕业程度及增进教学效率'，其内容要点为：（1）在各校毕业考试中成绩全部及格者，才具备参加统一会考的资格；（2）会考成绩各科及格者，才能获得毕业证书，才具备报考更高一级学校的资格；（3）会考中，两科以下不及格者，可复试一次，复试不及格者，可补习一年，直接参加下一年度的会考；（4）会考中，3 科以上（含 3 科）不及格者，留级一年，并须参加下一年度该校的毕业考，以留级一次为限。"这一毕业会考制的创立，实际上是把学生学习的时间全部留给了会考。当然，考试作为检测素质状况和改进教育教学的手段，它对于知识教学的质量提高确实有一定的促进作用，但对考试的过分重视，其弊端就会明显表现出来，考试不利于能力的训练或提高，易使人变成"考试机器"，扼杀人的创造力，一旦考试演变成"考试地狱"，不仅会加重学生的学习负担，而且对学生的身心的残害将会更加严重。陶行知曾针对这一会考制进行了尖锐的批评，他明确提出要解放儿童的时间，给他们以空闲来消化学问，并且学一些自己渴望的学问，干一些自己想干的事情。决不能把儿童的时间全部占满，使儿童失去学习人生的机会，养成无意创造的倾向。

现在一般学校把儿童的时间排得太紧。一个茶杯要有空位方可盛水。现在中学有月考、学期考，会考，升学考，一连考几个学校，有的只好在鬼门关去看榜。连小学的儿童都要受着双重夹攻。日间由先生督课，晚上由家长督课，为的都是准备赶考，拼命赶考，还有多少时间去接受大自然和大社会的宝贵知识呢？赶考和赶路一样，赶路的人把路旁风景赶掉了，把一路应该做的有意义事赶掉了。除非请医生，救人，路是不宜赶的。考试没有这样的重要，更不宜赶，赶考首先赶走了脸上的血色，赶走了健康，赶走了对父母之关怀，赶走了对民族人类的责任，甚至于连抗战之本身责任都赶走了。最要不得的，是赶考把时间赶跑了。我个人反对过分的考试制度的存在。一般学校把儿童全部时间占据，使儿童失去学习人生的机会，养成无意创造的倾向，到成人时，即使有时间，也不知道怎么样下手去发挥他的创造力了。创造的儿童教育，

首先要为儿童争取时间之解放。[1]（《创造的儿童教育》）

应试教育在我国源远流长。其思想渊源可追溯到孔子的"学而优则仕"。近年来，应试教育虽然不断受到批判，但在实际教育工作中，其风不仅没有减弱，反而愈刮愈猛，大有由普通中小学教育向幼教、高教和成教发展之势，从而成为直接影响全面贯彻党的教育方针，坚持教育为社会主义现代化建设服务的主要问题。因而，变应试教育为创新教育，确为当前教育总体战略部署的迫切任务之一。陶行知认为，现代教育应该适应和推动现代中国社会的发展，必须与现实社会生活相结合，应促进学生创造性地学习和生动活泼地发展，发挥改造自然、改造社会、"创造新生活"的作用。对于应试教育，陶行知主张以创造教育取而代之。

现在，回过头来，试看一下我们在校的中小学生时间支配的现状如何呢？事实上，你随便走进一所中学或小学，就不难发现，学校的课程表整日整周排得满满的，你会听到不少学生"做不完的作业，背不完的答案"的抱怨。为什么会这样？说到底还是为了考试。尽管我们一再呼吁"减负"，可是学生的负担到底减去了多少？在"应试教育"模式下，学校成了为分数和升学而较量的"竞技场所"。为了竞争的胜利，各个中小学校往往采取过度加码、强化训练、增加作业量、延长学习时间的做法，使学生不堪重负，挤掉了学生必要的休息、健康和娱乐的时间，影响了少年儿童正常的生长发育，使他们失去了欢乐的童年和少年时光。尤其使那些基础较差的学生常常遭受挫折的打击，失去了克服困难的信心和勇气，加剧了紧张情绪和厌学心理，有的甚至患上恐校症、抑郁症等心理疾病。

过重的学业负担，既影响了学生的身体健康，又造成了学生的心理创伤，甚至有时酿成恶果。在此种教育模式下，学生没有供自己支配的自由时间，不能进行独立思考，不能主动探索，既缺乏独立性，又缺乏积极主动性；既丧失了生动活泼的天性，又失去了持续发展的潜能，并导致了创造力的低下，与时代发展对人才素质的要求格格不入。

把青少年学生的时间限得太死，就会使朝气蓬勃的青少年逐渐变成呆若木鸡的"机器人"，势必严重地阻碍学生德、智、体、美诸多方面生动活泼、主动地发展。因此，解放学生的时间，把他们从繁重的课业负担中解放出来，已成为新一轮教育改革的当务之急。《国家中长期教育发展纲要》明确提出要提高教育效率，减轻学生的负担。

---

[1] 顾明远，边守正主编.陶行知选集，第2卷[M].北京：教育科学出版社，2011.304.

当然，解放学生的时间，减轻学生的课业负担，并不是说学生可以清闲无事，不用读书，而是为了让他们能够广泛地涉及课本以外的知识，扩大视野，增长见识。教师要培养学生读书的兴趣，养成自觉看书的良好习惯；指导学生学会自己看书，通过批判性学习来获取知识，增长才干，培养创造力；同时留给学生一定的自由看书时间，有独立思考问题的时间，有学习人生机会的时间。

（六）解放儿童的眼睛

陶行知认为，传统的封建教育给儿童带上了一副封建的有色眼镜，使他们脱离社会实际生活，"两耳不闻窗外事，一心只读圣贤书"，成为无益于社会的"小书呆子"。因此，他说："不要让儿童戴上封建的有色眼镜，使眼睛能看事实。"[1]也就是说学校教育应该注重培养儿童对大自然进行观察，对大社会进行分析，在大自然、大社会的怀抱中陶冶性情，锻炼意志，培养分析问题、解决问题的能力。

在《民主教育》一文中，陶行知提出，要培养儿童的创造力，还需要解放儿童的眼睛，主张"敲碎有色眼镜，教大家看事实"。但从目前我国中小学教育现状来看，学生的有色眼镜并没有被敲碎，其原因何在？我想现行"应试教育"对升学率的片面追求应是导致学生眼睛不得解放的最主要原因。因此，学生双眼的解放，仍是当前我国基础教育改革的重任之一。学校和教师应把学生从考试复习资料的"圣经"中解放出来，让他们走向自然，走向社会，用双眼去观察世界，并通过对现实生活的认识了解，提高自我观察能力及分析问题和解决问题的能力。

"六大解放"是陶行知解放儿童创造力教育主张的高度概括，他认为有了这六大解放，儿童的创造力才可以尽量发挥出来。这也是他在长期的教育实践活动中，对中国传统教育存在的诸多弊病所感所知后，所提出的富有创见性的教育主张，极具时代意义。在儿童的创造力得到六大解放后，陶行知进一步提出，我们还必须对解放出来的儿童创造力予以适当的培养。

四、培养创造力的条件

陶行知在《创造的儿童教育》一文中论述了培养创造力的三个条件：充足的营养、建立下层的良好习惯和因材施教。

---

[1] 顾明远，边守正主编.陶行知选集，第2卷[M].北京：教育科学出版社，2011.304.

（一）需要充分的营养

陶行知认为"充分的营养"是培养和发挥高度创造力的基本条件。没有这个基本条件，儿童就不会有强壮的身体，健全的心理，就可能使刚刚解放出来的创造力在萌芽之际被扼杀。包括健康的体魄、清醒的头脑、渊博的知识、创造的欲望、事业心以及意志、求知欲、自我批评精神等个性特征，因为创造力是架在个性与才能之间的桥梁。

小孩的体力与心理都需要适当的营养。有了适当的营养，才能发挥高度的创造力，否则创造力就会被削弱，甚而至于夭折。[1]（《创造的儿童教育》）

（二）需要建立下层的良好习惯

培养创造力，要注意使儿童养成良好的生活、学习习惯，注意训练儿童的思维能力。有了良好的生活和学习习惯，经常地思考问题，儿童的大脑就会变得越来越灵活，越有利于问题解决。而思考问题和解决问题的过程是有助于激发和培养人的创造力的。

需要建立下层的良好习惯，以解放上层的性能，俾能从事于高级的思虑追求。否则必定要困于日用琐碎，而不能够向上飞跃。[2]（《创造的儿童教育》）

（三）需要因材施教

培养儿童创造力要注重因材施教。"因材施教"是中国古代一条著名的教学原则，早在二千多年前，孔子在其教育实践中就贯彻了"因材施教"原则。在这里，陶行知将"因材施教"这条教学原则与培养儿童创造力密切联系起来，认为"因材施教"的目的不仅仅要使学生学习更好，获得更多的知识，还要使学生产生一定的创造力。

陶行知以种植松树和牡丹所需要的肥料不同，来说明对不同教育对象要有不同的教育方法。有的学生完全可能是德智体全面发展，而某门课因不是特长，成绩不够理想。老师把全面发展理解为全科发展和平均发展，实际上是要学生把有限的时间和精力平均花费在各门功课之上，其结果是妨碍了学生发展自己的特长。作为教师，必须牢记"人无全才"的道理。即使学生在自己所教的课

[1] 顾明远，边守正主编.陶行知选集，第2卷[M].北京：教育科学出版社，2011.304.
[2] 顾明远，边守正主编.陶行知选集，第2卷[M].北京：教育科学出版社，2011.304.

上成绩不够理想，只要他是德智体全面发展的，只要他在某个方面是有特长的，就应该承认他是个好学生。

松树和牡丹花所需要的肥料不同，你用松树的肥料培养牡丹，牡丹会瘦死；反之，你用牡丹的肥料培养松树，松树受不了，会被烧死。培养儿童的创造力要同园丁一样，首先要认识他们，发现他们的特点，而予以适宜之肥料、水分、太阳光，并根除害虫，这样他们才能欣欣向荣，否则不能免于枯萎。[1]（《创造的儿童教育》）

对于千差万别的学生我们一定要因材施教，要坚决克服用"一个模子"的统一标准要求每位学生的做法。所以，我们老师要鼓励和支持学有余力的学生学得更多更快更好。史料记载，毛泽东当年在湖南长沙第一师范求学时，数学成绩并不理想，而教数学的王正枢老师并不因此认为毛泽东不是好学生，相反认为他品学兼优，十分器重，在数学上也未对他过分苛求，使他能够集中精力，充分发展文史哲方面的特长，终于成为一代伟人。

五、民主在创造力培养中的作用

（一）民主在创造教育中的重要性

陶行知强调创造力发挥的重要条件就是民主。这个"民主"既指在政治上，创造民主的环境，使广大民众都有受教育的机会，都有从事发明创造的权利，同时又指在教育上，教育者与受教育者之间要有民主的关系。作为教育者在教学中要努力创设宽容、理解、温暖的集体氛围，创设良好的学习环境，注重对创造活动过程的积极评价以激发儿童的创造渴望。切忌动辄对受教育者施以强制和暴力。那样只能培养出唯唯诺诺、墨守成规的庸人，培养不出富有丰富创造力的天才。

民主平等的人际关系，尤其是师生关系以及由这种关系营造出的一种活泼主动、和谐的教育氛围，是学生创造性发展的基本条件和前提。因此，在教学过程中，师生之间应建立起民主平等友好合作的关系，摆脱对立服从的关系，克服教师的命令主义，说了算的传统观念。学生只有在与老师进行平等、民主的交往与合作的过程中，在得到教师充分的热爱、尊重、信任和理解的情况下，才能逐步树立起自尊、自爱、自信、自强的信念。当学生处于无拘无束的能与教师自由交流的学习环境时，才敢于并乐于提出和探究问题，激发积极主动性、创造性与智慧潜能，学生的智力活动才能不受抑制地充分调动起来。

[1] 顾明远,边守正主编.陶行知选集,第2卷[M].北京:教育科学出版社,2011.305.

创造力最能发挥的条件是民主。当然，在不民主的环境下，创造力也有表现。那仅是限于少数，而且不能充分发挥其天才。但如果要大量开发创造力，大量开发人矿中之创造力，只有民主才能办到，只有民主的目的、民主的方法才能完成这样的大事。[1]（《创造的儿童教育》）

在传统教育中，教育工作者总认为课堂是完成教学任务、实现教育目标的重要途径，而对环境所具有的教育功能往往认识不足，因而也就不能积极主动地创设有利于学生创造力发展的精神环境。有创造性的学生，其言行往往较为独特而偏离常规，而教师对学生的欣赏又往往以顺从为条件，这就使那些被视为"不听话"的学生常常受到压制或打击。久而久之，他们的创造性就在非适宜的"气候"与"土壤"中枯萎了。创造活动从本质上来讲就是与众不同，在一般人眼中是"异常的"。所以，有创造力的人，必须在心理上有"自由"和感到"安全"。然而，现实的教育中较普遍存在着威胁学生心理安全和心理自由的观念和言行。因此，创造教育的重要任务之一就是以学生的心理安全和心理自由为核心，营造适宜学生创造力发展和表现的精神环境。这就是营造民主环境对学生创造力培养的价值所在。

（二）民主应用在创造教育上的三个要点

1. 教育机会均等

陶行知在论述民主在创造教育上的应用这个问题时，第一个提出的要点就是教育机会均等。很多人可能奇怪，教育机会均等和创造教育有着什么样的关系？在这个问题上，陶行知有着自己独到的视角。他在阐述创造教育时，没有把创造教育仅仅看作一个简单的教育问题，而是放到了民族解放的高度来认识。他认为，创造教育是实现民族解放的重要措施。只有实现教育机会均等，人人享有受教育的权利，才是民主的实现。而只有在民主的环境中，才能尊重人的创新精神，创造教育才有实现的可能。

教育机会均等，即是教育为公，文化为公。我们要求贫富的机会均等，男女的机会均等，老幼的机会均等，各民族、各阶层的机会均等。[2]（《创造的儿童教育》）

2. 宽容和了解

陶行知认为，要培养学生发现、分析和解决问题的创造能力，必须学会宽容

---

[1] 顾明远，边守正主编.陶行知选集，第2卷[M].北京：教育科学出版社，2011.305.

[2] 顾明远，边守正主编.陶行知选集，第2卷[M].北京：教育科学出版社，2011.305.

和了解。他曾以爱迪生和法拉第为例，说明宽容和了解的重要性。他提出教育者要像爱迪生母亲宽容爱迪生那样，在爱迪生被开除回家的时候，把地下室让给他扩大认识的眼界，以发挥其内在创造力。要给儿童足够的时间成长，要允许他们犯各种各样错误，要支持儿童的异想天开。没有宽容和了解，就不可能有儿童创造力发展的空间。

教育者要像爱迪生母亲那样宽容爱迪生，在爱迪生被开除回家的时候，把地下室让给他去做实验。我们要像利波老板宽容法拉第。法拉第在利波的铺子里做徒弟，订书订得最慢，但是利波了解他是一面钉书一面读书，终于让法拉第在电学上造成辉煌的功绩。[1]（《创造的儿童教育》）

宽容是教师之爱的一种重要体现。爱本身就包含着宽容，缺乏宽容的爱是不完整的。在一定意义上讲，不包含宽容的爱，并不是真正的爱。人类之所以需要宽容，原因就在于：犯错误是每个人成长中不可避免的组成部分。儿童阶段具有强烈的尝试要求，可以说，犯错误是他们的权利。而且成长中的"错误"，对个体生命来说并非都是坏事，它也具有一定的正向价值。一个人的成功是不断超越错误的过程。所以，在学生的生命成长历程中，教师不要紧紧盯着他们所犯的错误，不要"毫不留情"地给予批评或惩罚，而要善于帮助和引导他们走出错误。宽容的一个重要表现是"留有时间"，教育要给人的成长留有时间，这就要忍耐，就要尊重个体生命成长的时间性，不要揠苗助长。

3. 在民主生活中学民主

陶行知认为创造力最能发挥的条件是民主。营造一个充满民主、自由精神的文化氛围对创造力的发挥是至关重要的。人类的创造文明史是一部充满艰辛痛苦的历史，科学蒙难在古今中外的历史上是时有发生的。被贬2000年的伊壁鸠鲁原子论科学，历尽坎坷的哥白尼日心说……都是这其中的一例。科学蒙难的原因很多，有传统观念的束缚，学术权威的压制，反动统治者的扼杀和认识水平的限制等。但最关键的因素是社会没有形成以民主自由精神为主导的积极文化观。历史发展表明，积极的文化观往往对创造力的发展和发挥起着推波助澜的作用，而消极的文化观则会严重阻碍创造力的发展和发挥。

专制生活中可以培养奴才和奴隶，但不能培养人民做主人。民主生活并非杂乱得没有纪律。民主要有自觉的纪律，人民只可以在民主的自觉纪律中学习做主人翁。在民主动员号召之下，每一个人之创造力都得到机会出头，而且每一个人的创造力都

---

[1] 顾明远、边守正主编.陶行知选集，第2卷[M].北京：教育科学出版社，2011.305.

能充分解放出来。只有民主才能解放最大多数人的创造力，并且使最大多数人之创造力发挥到最高峰。[1]（《创造的儿童教育》）

我们回溯历史，处于文化上升和繁荣的古希腊、罗马时期，我国的大唐时期、欧洲的文艺复兴时期，都是创造力勃发、人才辈出的时期。相反，欧洲中世纪是宗教扼杀文化自由的时期，也就是创造力火花被熄灭的最黑暗时期。因此，创造教育要选择、传递并创造最适宜于创造力发展的积极文化观念，同时要努力控制阻碍创造力发展的消极文化观念的传播。在中国传统文化中有许多消极的文化观念，是不利于创造力发展和发挥的。比如与儒家中庸哲学有关的"枪打出头鸟"、"树大招风"、"行高于人，众必非之"等观念，势必引导人们随大溜、别冒尖，处处小心从事，这种强大的心理作用必然阻碍人的创造力的发展和发挥；另外，道家提倡的"虚静无为、清心寡欲，与世无争"的观念，也像一个无形樊笼，把人的创造性禁锢其中；此外还有我国长期封闭的小农经济生产和生活方式中形成的保守意识和权威心理，这些观念同样是创造的大敌。因此，要实施创造教育，必须排除这些消极文化观念对人们思想的影响，树立积极的文化观。鼓励人们有敢于冒险，勇于争先的精神；培养积极进取，不断创新的思想品质，并养成创造型人才所具有的那种喜欢质疑，不崇拜权威的独特人格特征。

六、创造教育的实现途径

（一）行动在创造教育中具有重要作用

陶行知在《创造的教育》中以鲁滨孙的例子来形象地论述了"行动"在创造教育活动中的重要意义。鲁滨孙漂流到荒岛上，他面临着晚上会口渴的问题，他必须解决没有东西盛水的困难。当他在灶边看到经火烧过的泥土硬得如石子一样，就想到用火烧可以把软的泥土变硬。于是尝试着用泥土烧容器，这样成功地解决了口渴的问题。陶行知分析了鲁滨孙解决问题的过程，提出了这样的理论：在创造的过程中，只有通过行动中出现困难，才能意识到问题。在解决问题的过程中，没有已有经验可以使用，就必须要求变，要思考新的解决问题的思路。在这过程中，创造就发生了。困难而求解决，于是有新价值的产生。由此可见，由行动而发生思想，由思想而产生新价值。

鲁滨孙漂流到荒岛上去，口渴了，白天他走到海边用手去捧水喝，到黑夜里就没

─────────────

[1] 顾明远，边守正主编.陶行知选集，第2卷[M].北京：教育科学出版社，2011.305.

有办法了。他偶尔在灶的旁边，看见经火烧过的泥土，硬得如石子一样。他想到软的土经火烧了，就成坚固且硬的东西，于是他把土做成三个瓶子，放入火中去烧，烧碎了一个，其余的两个可以满满地盛着水。于是他口渴的问题完全解决了。我们把这件事分析一下，可以发现三点：他用手捧水喝，到黑夜发生了困难，是他的行动；发现泥土经过火烧变成坚固且硬的东西，也是他的行动；把泥土塑成了瓶子，希望同烧过的土一样坚固，是他的思想。结果，他瓶子盛水的计划成功了，是新价值的产生。由行动而发生思想，由思想产生新价值，这就是创造的过程。[1]（《创造的教育》）

陶行知在这篇《创造的教育》中进一步详细地论述了创造教育中行动的重要作用。他认为，既然在创造教育中创造精神的形成、创造能力的培养都依赖着行动，那么创造教育必须培养小孩手脑并用的习惯，并且要从娃娃抓起。陶行知首先阐述了创造教育的目的就是培养手脑双全的学生：单纯的行动不是创造，单纯的思考也不是创造。只有把动手和动脑结合起来，思考的同时要通过动手实验去验证自己的所思所想。而在动手实验时，也必须去反思自己的行动。手脑双全，才是创造教育的目的。因此，在学校教育中，老师要培养学生手脑并用的习惯。

其次，他强调了行动在创造教育中的重要性，创造教育不但要教学生，而且还要学生学，要学生自己动手去做，如果"教而不学、学而不做"都达不到创造的境界。

最后，陶行知在这篇文章中还主张，创造教育要从小孩抓起，因为小孩还没有丧失他们好动的本能。如果我们在课堂教学中让小孩子自由行动，那么，千百个孩子之中，一定有一个小孩是天才，是一个创造者、发明者。

我们知道王阳明先生是提倡"知行合一"说的，他说："知是行之始，行是知之成。"他的意思是先要脑袋里装满了学问，方才可以行动。所以大家都认为学校是求知的地方，社会是行动的地方，好像学校与社会是漠不相关的，以致造成一班只知而不行的书呆子。所以阳明先生的两句话，很可以代表中国数千年的传统教育的思想。现在我要把他的话翻半个筋斗。如果翻一个筋斗，岂非仍是还原吗？所以叫他翻半个筋斗，就是说："行是知之始，知是行之成。"例如爱迪生发明电灯，不是从前的人告诉他的，是玩把戏时偶然发现的。小孩子不敢碰洋灯光，是他弄火烫痛的经验；至于妈妈告诉他火是烫的，不过使小孩子格外清楚一些。所以要有知识，是要从行

[1]　顾明远，边守正主编.陶行知选集，第1卷[M].北京：教育科学出版社，2011.201.

动中去求来，不行动而求到的知识，是靠不住的。

惟其行动，到行不通的时候，方才觉得困难，困难而求解决，于是有新价值的产生。所以我说：行动是老子，思想是儿子，创造是孙子。

要创造，非你在用脑的时候，同时用手去实验；用手的时候，同时用脑去想不可。手和脑一块儿干，是创造教育的开始；手脑双全，是创造教育的目的。

行动的教育，要从小的时候就干起。要解放小孩的自由，让他做有意思的活动，开展他们的天才。……小小的孩子，就是将来小小的科学家。假使我们给小孩子自由行动，我相信千百孩子之中，一定有一个小孩是天才，是一个创造者、发明者。

有行动才能得到知识，有知识才能创造，有创造才有热烈的兴趣。所以我们主张"行动"是中国教育的开始，"创造"是中国教育的完成。[1]（《创造的教育》）

（二）将劳力与劳心结合

陶行知要求劳力者不但要劳力，而且还要劳心。他认为只有这样，才能得事物之真理。如果人人能做到在劳力上劳心，就没有废人可言，也就没有阶级存在，人们所追求的大同社会就有可能实现。要实现这个宏伟的目标，就必须通过教育的途径，来造就在劳力上劳心的人类；也只有创造出在劳力上劳心的人类，才能创造出大同社会。陶行知的目的是想通过教育来使劳力者觉醒，也善于劳心，拥有自己的思想，对人类社会的发展过程有自己的思考，并用自己的智慧主动去改造社会，征服自然，创造一个平等、和谐、自由的大同社会；创造一个没有剥削、没有压迫、没有阶级的社会，他认为只有在这样的一个社会环境中，人们才能充分开发自己的创造潜能，才能有所发明创造。

陶行知认为，既能劳力，又能劳心，在动手从事体力劳动时能动脑进行脑力劳动，是创造性人才必须具备的基本品质。所以，他认为在"劳心者"和"劳力者"这两类人之中，让"劳力者善于劳心"比"劳心者劳力"更有意义。因为他关注的是处于社会底层大多数的劳力者，希望这些劳力者通过教育而不受人愚弄、制裁，甚至可以起来抗争，以达到消除阶级差别。

由此可见，陶行知认为，创造教育就是要把劳心者、劳力者及劳心兼劳力者转化为劳力上劳心的人，只有这样，才能实施创造教育。

二元论的哲学把劳心的和劳力的人分成两个阶段：劳心的专门在心上做功夫，劳

---

[1]　顾明远、边守正主编.陶行知选集，第1卷[M].北京：教育科学出版社，2011.202.

力的专门在苦力上讨生活。劳力的人只管闷起头来干，劳心的人只管闭起眼睛来想。劳力的人便成了无所用心，受人制裁；劳心的便成了高等游民，愚弄无知：以致弄成"劳心者治人，劳力者治于人"的现象。

劳力上劳心，是一切发明之母。事事在劳力上劳心，便可得事物之真理。人人在劳力上劳心，便可无废人，便可无阶级。征服自然势力，创造大同社会，是建立在同一的哲学基础上的，这个哲学基础便是劳力上劳心。[1]（《在劳力上劳心》）

陶行知在晓庄的教育实践中，通过科学教育将劳力与劳心结合起来：设有自然教学做，学习理化和生物知识。同时陶行知开辟了科学教育基地，成立自然科学组、社会科学组和农艺科学组，主张在实际生活中学习科学知识和技术。在"征服自然教学做"课程中，设有科学农林、造林、园林、环境卫生、基础土木工等内容。陶行知认识到开设科学教育实践既缺钱，也缺师资，要"办成丰富的教育"，"必须发现穷办法，看重穷办法，运用穷办法"。

创造教育是为了学生"手脑双挥"、"手脑联盟"、"手脑双全"——这既是创造教育要达到的目标，又是实现创造教育的手段。陶行知曾经说过，"手脑结合，是创造教育的开始"，"手脑双全，是创造教育的目的"。早在1927年，他就提出了"在劳力上劳心"、"教学做合一"的主张。可以这样说，"手脑双挥"是陶行知创造教育的精髓。

（三）创造教育必须与生活教育相结合

陶行知认为，创造力的培养不是孤立进行的，必须以坚实而全面的生活能力为基础。在如何培养学生生活力方面，陶行知比较集中地在早期著作《怎样培养十六常能》以及在此基础上发展的《育才二十二常能》中提出了具体的要求。《育才二十二常能》分为初级十六常能和高级七常能两部分，在每一项常能里都有具体的要求和做法。高级七常能是在初级十六常能基础上对学生提出的较高要求，包括会开汽车、会打字、会速记、会接电话、会担任翻译、会临时演讲、会领导工作。学生具备了以上的生活常能，也懂得和采用科学实验的方法。这就是创造力的培养与生活教育相结合。

创造的教育是怎样呢？就是"以社会为学校"、"学校和社会打成一片"，彼此之间，很难识别的。社会含有学校的意味，学校含有社会的意味。我们要把学校的围墙拆

[1] 顾明远，边守正主编.陶行知选集，第1卷[M].北京：教育科学出版社，2011.350.

去，那么才可与社会沟通。这种围墙不是真的围墙，是各人心中的心墙。各人把他的感觉、态度从以前传统教育那边改变过来，解放起来。实则这种教育，只要有决心去干，是很容易办到的。

创造的教育是以生活为教育，就是生活中才可求到教育。教育是从生活中得来的，虽然书也是求知之一种工具，但生活中随处是工具，都是教育。况且一个人有整个的生活，才可得到整个的教育。

我们要能够做，做的最高境界就是创造。我们要能够学，学从生活中去学，只知学而不知做，就不是真的学。我们要能够教，教要教得其所，要有整个的教育，平等的行动的教育。[1]（《创造的教育》）

1942 年和 1943 年，陶行知在育才学校分别搞了创造月和创造年活动，引导和鼓励育才师生进行创造。陶行知从全体学生中选出 27 名创造潜力较大的学生，以幼年研究生的形式培养他们的治学能力。这些学生在专业老师指导下，选定研究课题，利用课余时间搜集资料进行研究。结果令人震惊：社会组 15 岁的朱振华同学，在历史学家翦伯赞的指导下，找到了古圣寺的碑记，又从寺庙住持处借来年谱和账簿，居然考证出古圣寺建造的确切年代。后又研究苏德战争谁胜谁负问题，在陶行知的引见下采访当时驻苏大使杨杰将军，写出了论证充分、长达 20 万字的论文《苏联必胜》。伯赞先生曾在《记古圣寺》一文中谈到他在育才发现的奇迹："十几岁的孩子，能够在座谈会上谈时局，从国内到国际，从政治到军事，明如指掌，能够写生、速写，能够画出星宿的图谱。"育才学生创造的奇迹与陶行知先生的创造教育思想有着密切的关系。

人类的过去和现在离不开创造，人类的未来更离不开创造，而且未来在急切呼唤比以往任何时期都要高的创造力，都要多的创造型人才。所以，21 世纪教育要解决的重要的问题就是如何造就大批高创造力的人才。这就需要我们关注创造教育，大力开展创造教育。然而我们应看到的是，当前我们的教学理论与教学实践还存在着许多弊端，其中最根本的问题是压抑和扼杀儿童的创造性。其表现为：学生被动学习，教学上过分强调一致性和唯一性，排斥创新和多样性；重知识记忆和技能训练而轻思维，尤其是创造性思维训练。这一问题的长期存在有其多方面的原因。其中有几千年封建传统教育的影响，也有几十年计划经济下人才培养模式的影响。在教育理论和教学实践上没有真正确立创造教育思想更是一个

---

[1] 顾明远, 边守正主编.陶行知选集, 第1卷[M].北京: 教育科学出版社, 2011.208.

重要的原因。陶行知先生在 20 世纪的三四十年代所提出的创造的儿童教育思想，不仅对当时的中国教育产生过重要影响，而且对当前推进我国基础教育课堂教学改革以及创造教育的顺利实施，同样具有极为重要的意义。

陶行知，这位把自己的一生全部奉献给祖国教育事业的伟大的人民教育家，在三十年的奋斗历程中，本着"捧着一颗心来，不带半根草去"的献身精神，为探索和开创中国教育的新出路，为建设民主自由科学的新中国，大胆实践，勇于开拓，不仅为中华民族培养了大批优秀人才，而且还留下了宝贵的精神财富。他的教育思想无论在当时还是在今天一直焕发着生命的活力。他一生所开创的事业，乃至一言一行，也无不充满着创造精神，虽说他的创造教育思想在后来的教育实践中，由于特殊的社会环境，未能形成燎原之势，但他点燃的创造思想的火花却给后来人指明了前进的方向。改革开放后，培养创造性人才的问题逐渐得到大家的关注。人们开始认识到开发人的创造力是未来社会对今天的教育提出的迫切要求，也是当前教育改革的出路。社会发展需要创造型人才，国家竞争需要创造型人才，个体生存需要创造型的适应能力。近年来，创造教育在我国已逐渐社会化。我们衷心希望，21 世纪我国的创造型人才能不断涌现，以告慰这位从山乡社会走出来的人民教育家的在天之灵。

陶行知认为，创造是一个民族生生不息的活力，是一个民族文化中的精髓。陶行知的创造教育理论，鼓励广大教育工作者积极探索教育教学规律，大胆尝试教育改革，寻找出一条适合中国国情的教育之路。陶行知不但是创造教育理论的倡导者，更是创造教育理论的身体力行者。他所创办的晓庄师范学校、湘湖师范学校、山海工学团、育才学校、社会大学等都具有创造教育的特色。这些学校既是陶行知创造教育理论的实践基地，更是其创造教育理论的结晶和典范。

七、创造教育思想的现实意义

陶行知创造教育思想在当时产生的重要作用，不仅对学校教育的发展，而且也对中国民主运动的推进产生了重要影响。时至今日，他的创造教育思想仍然闪烁着光芒。今天，学生创造力的培养仍然是我们教育中在认识和探讨的一个重要问题。

未来学家奈斯比特在《大趋势》一书中曾说过这样一句话，处于伟大变革时代，我们最需要创造力和创造精神。当今世界正面临着深刻的变化，其中非常显著的特点是"科技进步日新月异","知识经济初见端倪",这意味着今后世界各国间实力的竞争,实质上是人才方面的竞争,而这种人才竞争不仅表现在人才的数量方面,更重要的是表现在人才的质量方面。因为知识的生产与科技的进步都来自人的创造发明,而这些创造发明又来自人的创新能力。这种能力是人类的极其可贵的一种特质,对于如何培养人的创新能力,这实质上是一个教育问题,是当前教育科学面临的一个重大问题。

21世纪教育要解决的最重要的问题就是如何造就大批高创造力的人才。就目前我国基础教育而言,我国的儿童教育理论和教育实践还很薄弱,不论家庭、学校还是社会,压制摧残儿童创造力的现象都很严重。为了培养一代新人的创新意识与创造能力,我国的基础教育应该关注创造教育,大力开展创造教育。

结合中国教育的实情,培养青少年创新能力这个问题就显得更为重要。这是因为我国教育传统一向片面强调读书而忽视创新,过去几乎把读书作为受教育的同义语。读好书就有了一切,读书可以做官,可以出人头地,为了把书读好,必须下苦功夫,甚至不惜做到"头悬梁,锥刺股"。至于"百工之事"再好也无非是"奇技淫巧",是读书人所不屑一顾的。当然,读书是必要的,但是伴随着读书而产生的以上这些思想,显然与我们当前所倡导的创造教育思想不相适宜。

人类社会发展到今天,人的创新意识与创造能力,不仅是科技进步、社会发展,提高经济竞争力的内在动力,而且也是人的自身发展所需的力量源泉。未来的劳动者将需要各种处理信息与人相处的能力;需要高级思维能力,通过批判性的思维运用,来保持理智上的灵活性和思维上的创造性;劳动者必须懂得预测变化的方向和速率,以适应未来的生活;还必须在增加的学习和休闲时间里学会创造性地享受生活。在这变革的时代,对创造性的要求已远远超过了对知识技能的要求。为了培养一代新人的创新意识与创造能力,我国的基础教育必须大力开展创造教育。

因此,解读陶行知的创造教育思想,对我们的教育有着重要的意义。

第五部分
"行是知之始"
——陶行知生活教育思想

在陶行知先生丰富的教育理论和教育思想里，生活教育理论是最能体现陶行知个人风格，深深刻上陶行知个人烙印的教育理论体系。因为其余的教育理论和教育思想多多少少都有集体合作群策群力之功，而生活教育理论却是陶行知在亲手筹建的晓庄试验乡村师范学校发挥自己的创造精神而探索出的合乎中国国情也与世界教育潮流同步的教育理论。陶行知一生的教育活动及教育思想的发展变化都是他在教育实践中贯彻实施生活教育理论的过程。所以说，生活教育理论是贯穿陶行知教育思想始终的一根红线。尽管生活教育理论的产生离不开特定的历史条件，但它丰富的内涵却具有经久不息的生命活力，直至今日都给教育家们带来深深的启示。

一、生活教育理论的形成基础

陶行知生活教育理论的形成条件大致可以概括为三个基础：理论基础、社会基础和实践基础。

（一）理论基础——兼容中西的知识体系

从 1914 年秋到 1917 年秋，陶行知在美国留学三年。对西方文化的勤苦钻研和耳濡目染，再加上出国留学前受到的我国传统文化的熏陶，陶行知完成了自己兼容中西的知识体系。

在美国，陶行知凭着自己随时留意的行为特征和敏锐的观察能力，其对于美国教育事业有关优长之处，多有感悟和记取。而这些感悟和记取，又为他后来从事中国教育改造事业，播下了思想良种和伏下了行动契机：在美观察到凡是著名大学都有教育科试验教育，归国后即首倡试验主义教育之说，欲使中国教育充满试验之精神。在美观察到美国的研究所采用师傅带徒弟的形式，实行师生边教边学边做的研究方法，留下了后来提倡教学做合一的教学法如何实施的最初印象材料。

在近代世界教育史上，杜威一向被认为是美国进步教育运动及 20 世纪前半期教育革新的杰出思想家。尤其是在第一次世界大战期间，杜威先后发表了《明日的学校》和《民主主义与教育》两部教育论著，标志着杜威在教育理论上的创造已步入最为辉煌的时期。而陶行知正值这一历史时期进入哥伦比亚大学学习并直接师承杜威，所以杜威的教育思想对他产生了直接而深刻的影响。

陶行知从美国哥伦比亚大学毕业回国后曾极力推崇杜威的教育理论，但他并没有机械地照搬照抄杜威的理论和思想。陶行知深深地认识到，中外情形有差异，适合外国的未必适合中国的国情。所以，陶行知在继承西方先进教育思想，吸取其思想精髓的同时，更主要的是着眼于当时中国社会的实际和教育实践中的弊端，独树一帜地提出了"创造的教育是以生活为教育，就是在生活中才可求到的教育"，创立了以生活实践为基础的生活教育理论，并根据当时中国的具体实情，对杜威的实用主义理论进行了继承和改造，在扬弃中师承杜威。

陶行知在扬弃中师承杜威的教育思想主要表现在以下三个方面：一是教育的革新精神，即"反传统"的精神。为适应时代变化以及社会进步对教育的要求，杜威对美国的传统教育进行了猛烈的抨击和批判。这种"反传统"的思想后来也成为陶行知建立教育理论的指导原则之一。二是表现在对教育的社会本质的认识上。杜威认为"教育即生长"，并由此得出"教育即生活"、"学校即社会"的论断。而陶行知生活教育理论的内涵"生活即教育"、"社会即学校"就是在接受杜威思想主张的基础上翻新而成的。三是教育的方法原则。杜威认为教学过程要以儿童为中心，强调"做中学"，这个教育原则启发了陶行知"教学做合一"的理论。正如日本学者斋藤秋男所指出的那样，陶行知的"教学合一"到"教学做合一"的理论，"是对杜威'做中学'理论的批判性运用"。

陶行知所受的我国传统文化的熏陶，比如孔子的教育思想、墨子的亲知思想、王阳明的哲学思想等等中国传统文化的思想因素也对他生活教育理论的形成产生了不可忽略的影响。陶行知倡导新教育，公然反对传统教育。但是，他并没有将传统教育"一棍子打死"，而是要面对中国的现实进行扬弃，在扬弃中创造适合中国的教育理论和思想。就陶行知本人的教育思想与实践来讲，无论是学习外国理论还是继承中国的传统，都经过了他的一番创造。像陶行知最初笃信王阳明的"知是行之始"、"知行合一"学说并改名"知行"，后来经过实践检验而把"知是行之始"改为"行是知之始"并最终定名"行知"，就是陶行知对我国传统文化的继承和创造。他的教育思想是根植于中国传统教育又借鉴国外的先进教育思想，兼顾中西，再注入中国社会的时代鲜血而形成的适合中国社会发展需要的教育理论。

（二）社会基础——探索适合中国国情的教育途径

清朝"夜郎自大"、"故步自封"的闭关锁国政策导致了中国的愚昧、封闭和落后。1840年以后，西方帝国主义列强纷纷侵略中国，导致中国沦为半殖民地半封建社会。所以，从第一次鸦片战争开始到新中国成立的整整一个世纪，是中华儿女苦苦寻求救亡图存、复兴中华的世纪。在这一个世纪里，资产阶级的革命派和维新派积极活动，救亡图存，比如曾经发生过实业性的洋务运动、体制性的戊戌变法、学术性的西学东渐，乃至于文化观念上的五四运动和新文化运动等等。在教育界，则出现了废科举、兴学校的教育改革运动。教育改革先驱们陆续颁布和建立近代新型教育制度，翻译了很多外国的教科书，引进了从赫尔巴特到杜威等人的教育理论和方法，这些教育理论对中国教育从传统向现代过渡都起到了积极作用。

在经济上，中国的民族资产阶级在十九世纪六七十年代也逐渐发展起来，出现了第一批近代工业。第一次世界大战期间，由于各帝国主义列强忙于战争，暂时放松了在各地的经济角逐，因此，中国民族资本主义发展获得了有利的国际环境和国内市场，经济实力得到了明显的增长。社会经济的蓬勃发展，对教育提出了新的要求。但旧有的教育却远远不能适应20世纪以来中国社会政治经济形势发展的要求。

陶行知生活在多灾多难民族危急的旧中国，教育更是到了"山穷水尽的地步"：全国的学校教育荒芜萧条，学校数量极少，一个省、一个县只有少得可怜的几所中小学，全国寥若晨星的几所大学，有的还是外国教会所办；文盲遍地，令人触目惊心；广大平民及其子女迫于生活，根本无法进校求学；学校教育中封建科举的"老八股"也阴魂未散，教育的指导思想和讲授方法基本上还是老一套。

更严重的问题在于，当时中国的教育"完全走错了路"，"完全脱离农民的需要"，"背离农村的实际"，"中国传统教育的悲哀还在于整个教育围着考试转，教育等于读书，读书等于赶考，培养出来的学生多是缺乏生活能力和创造能力的书呆子"。

面对这样的教育事实，陶行知深感中国教育不是头痛医头、脚痛医脚可以解决得了的，这就引发了有识之士思想深层的转变，便是对"保守"的摈弃和对"创造"的认同——尽管对"创造"还存在着文化保守主义的如熊十力，自由主义的如胡适，激进主义的如陈独秀、李大钊等等的不同理解。这种认同，体现到教育领域，即是对传统教育模式的深刻反思与大胆变革。在20世纪20至40年代，以陶行知为代表的进步的教育家们，终于掀起了中国教育史上的革命性运动——创造教育运动。于是，陶行知率先选择了改革教学法为突破口，变传统的"教授法"为"教学法"，提出并试验了许多新的教育思想，生活教育理论便是最有代表性的一套教育理论，开始向旧的教育制度发起了猛烈的攻击。

（三）实践基础——根植晓庄试验乡村师范学校，形成生活教育理论

1927年3月15日，坐落在南京神策门外劳山脚下的晓庄试验乡村师范学校正式开学。从此，陶行知正式踏上了中国乡村教育的改造道路。在晓庄学校开学典礼上，陶行知热情洋溢地说道："本校特异于平常的学校有两点：一无校舍，二无教员。""我们的校舍上面盖的是青天，下面踏的是大地，我们的精神一样的要充溢于天地间。所造的草屋，不过避风躲雨之所。""本校只有指导员而无教师，我们相信没有专能教的老师，只有经验稍深或学识稍好的指导。所以农夫、村妇、渔人、樵夫都可做我们的指导员，因为我们很有不及他们之处。""我们认清了这两点，才能在广漠的乡村教育的路上前进。"在"这两点"的指示下晓庄学校的校舍师生自己建，并开始形成特异的师生队伍，随着校舍的逐渐落成，师生日有所至，晓庄学校的事业也日见扩展。

从1927年3月11日至12日正式考试招生开始到1930年4月12日被封，晓庄学校在中国教育史上仅仅度过了三年零一个月的历史。但它却是陶行知教育生涯中最惬意的一桩事业，因为"此前无论是主持改进社社务，还是奔走平民教育运动，他虽都是主要角色，但那毕竟是'集体创作'群体出场。晓庄试验则是他主编主导主演的一出新剧，从头到尾都烙了他个人风格的教育革新活动"。在晓庄学校，按照陶行知正在成型的生活教育理论，为着实现教育的五大目标——康健的体魄、农夫的身手、科学的头脑、艺术的兴趣和改造社会的精神，依据"生活即教育"、"社会即学校"、"教学做合一"的原理实行着全方位变革教育的教学实验，也就是对学生全面施行着康健的教育、劳动的教育、科学的教育、艺术的教育和改造社会的教育。康健的教育包括体育锻炼、自卫力训练以及日常的医

疗卫生保健三方面的教育；劳动的教育有"农事教学做"和日常生活的独立能力，像烧茶煮饭、打扫卫生等的教育；科学的教育除了科学文化知识的教育，更注重培养"手脑联盟""手脑并用"的人才；艺术的教育包括戏剧、音乐、歌舞等艺术形式的教育；改造社会的教育则是注重培养学生主宰环境能力的教育。由此可以看出教育的全面性和生活化。这种融五个方面教学内容为一体的教学实验集学校教育与社会教育于一体，融教育改造与社会改良于一炉，并积近代以来一些中外学校改革试验的经验做法于一处，正如陶行知先生所言，是一场教育上的革命，一场为中国教育寻觅曙光和生路的革命！

晓庄学校的办学经验和陶行知的教育思想产生了很大影响，不仅表现在中华的教育界，也在世界发放着探寻教育新路径的光芒。尤其是陶行知在哥伦比亚大学求学时的老师，著名的"设计教学法"的创始人克伯屈于1929年10月中旬来到晓庄学校参观更是将陶行知先生的教育思想折射入了国际教育界。克氏在对晓庄学校全面考察后对晓庄"以生活来引导"，"依照实际生活的方法来实现生活的教育"十分赞赏，他说："这学校是我这几年天天所想到而急要看的一个学校"，"在这学校，不读死书本，是在生活上直接接触。办教育用这种生活，可负引导农民的使命，使合乎现代的思潮"。克氏还预言：作为"教育革命的策源地"，过了一百年以后，人们还要回过头来"纪念晓庄""欣赏晓庄"。正是克氏等人的传扬使中国的乡村教育改造事业能为世界所知晓，并与世界教育改革潮流所接轨；也正是以晓庄学校为中心的乡村教育试验事业使中国的乡村教育改造产生了世界性的影响，也使得乡村教育改造事业的主创人陶行知赢得了世界声誉。在此基础上，陶行知因其对乡村教育改造事业的突出贡献和中国教育革命的科学成就而得到了肯定和表彰：1929年12月4日，即克伯屈参观晓庄一个半月之后，设在上海的教会大学——圣约翰大学授予陶行知科学博士荣誉学位。从此，陶行知名扬四海。但是，这位后人有口皆碑的陶博士，其时所得所获，最为重要的倒不在于"名"声在外，而在于他自己的"生活教育"理论的全面构架和正式成形。关于这一点，陶行知在应印度圣雄甘地的邀请，于1938年9月9日写成并于同年10月29日、11月5日和11日连续发表在印度杂志《民族旗帜》上的《中国的大众教育运动》一文中说："晓庄试验……主要成果是形成了生活即教育、社会即学校、教学做合一等一系列的理论。"

二、生活教育的特质

你如果看过《狸猫换太子》那出戏，一定还记得那里面有一件有趣的事情，就是出现了两个包龙图：一个是真的，还有一个是假的。我们仔细想想，是愈想愈觉得有趣味了。世界上无论什么事，都好像是有两个包龙图。就拿教育来说罢，你立刻可以看出两种不同的教育：一种叫作传统教育；另一种叫作生活教育。又拿生活教育来说吧，你又可以发现两种不同的说法：一种主张"教育即生活"；另一种是主张"生活即教育"。我现在想把生活教育的特质指出来，目的不但要使大家知道生活教育与传统教育不同，并且要使大家知道把假的生活教育和真的生活教育分别出来。[1]（《生活教育之特质》）

（一）生活的

这是生活教育理论的第一大特质，也是与传统教育理论最根本的区别所在。它指的是教育的根本意义在于生活之变化，有什么样的生活便受什么样的教育，生活决定教育。陶行知说，我们要从生活的斗争里钻出真理来，我们钻进去越深，越觉得生活的变化便是教育的变化，生活的变化会起到教育的作用。生活与生活磨擦，便会发出生活的火花，也就是教育的火花，磨擦者与被磨擦者也都相应地起了变化，即教育的变化，他们便都受到了教育。同时，教育改造生活。真正教育只能是生活发生的向前向上的变化。要以前进的生活来提高落后的生活才是真的受了教育。所以，生活教育理论是生活的。

生活教育第一个特点是生活的。传统的学校要收学费，要有闲空功夫去学，要有名人阔老介绍才能进去。有钱，有闲，有面子，才有书念；那么无钱，无闲，无面子的人又怎么办呢？听天由命吗？等待黄金时代从天空落下来吗？不！我们要从生活的斗争里钻出真理来。我们钻进去越深，越觉得生活的变化便是教育的变化。生活与生活一磨擦便立刻起教育的作用。磨擦者与被磨擦者都起了变化，便都受了教育。有人说：这是"生活"与"教育"的对立，便是"生活"与"教育"的磨擦。我以为教育只是生活反映出来的影子不能有磨擦的作用。比如一块石头从山上滚下来，碰着

---

[1] 顾明远，边守正主编.陶行知选集，第2卷[M].北京：教育科学出版社，2011.44.

一块石头，就立刻发出火花的。倘若它只碰着一块石头的影子，那是不会发出火花的。说的正确些，是受过某种教育的生活与没有受过某种教育的生活，磨擦起来，便发出生活的火花，即教育的火花，发出生活的变化，即教育的变化。[1]（《生活教育之特质》）

以知识为中心的传统教育理论，是以死记硬背为主要学习方式，以书面考试成绩的高低优劣为衡量标准，与生活相分离的教育理论。在它的指引下，老师为教书而教书，学生为读书而读书，"先生是教死书，死教书，教书死；学生是读死书，死读书，读书死"。这种教育理论产生的教育方式不符合社会生活发展的需要，造就了一批又一批高分低能的"书呆子"，甚至有些人只把读书看成是"升官发财"的手段。这样的教育无疑是弊端重重的。

我们复杂的近现代社会斗争，要求教育必须要满足生活的需要和社会发展的需要，这就要求教育内容必须是和生活紧密联系的，是以复杂的生活为中心的，教育方法必须是与社会发展与社会斗争的需要相适应的，它不仅仅要求学生掌握科学文化知识，也要求学生掌握必需的生活技能和生活能力。陶行知立足当时社会，高瞻远瞩，创造性地提出了以活的生活为中心的生活教育理论。如晓庄学校的入学考试，不仅有书面考试的常识测验和作文一篇的内容，还有农务或土木工操作一日的考试内容，同时还有智慧测验和三分钟演说等。而晓庄学校开设的课程不仅有科学的教育和艺术的教育，更有康健的教育、劳动的教育和改造社会的教育。由此可见生活教育理论以生活为中心的显要特征。

（二）行动的

陶行知说的"行是知之始，知是行之成"，"即行即知"等都是强调"行"的重要性，"行"便是行动，便是实践，便是"做"，便是"老子"。书本上的知识都是从行动中得来的，对此，陶行知强调，生活教育必须是行动的，行动才能产生理论，发展理论。而只有通过行动产生发展的理论，才能反过来指导行动。

生活与生活磨擦，便包含了行动的主导地位。如果行动不在生活中取得主导的地位，那么传统教育者就可以拿"读书的生活便是读书的教育"来做他们掩护的盾牌了。行动既是主导的生活，那么，只有"为行动而读书，在行动上读书"才可说得通。我们还得追本推源的问：书是从哪里来的？书里的真知识是从哪里来的？我们是毫不迟疑地回答说："行是知之始"，"即行即知"，书和书中的知识都是著书人从行动中

---

[1] 顾明远，边守正主编.陶行知选集，第2卷[M].北京：教育科学出版社，2011.44.

得来的。我要声明，著书人和注书人、抄书人是有分别。人类和个人的知识的妈妈都是行动。行动产生理论，发展理论。行动所产生发展的理论，还是为的要指导行动，引着整个生活冲入更高的境界。为了争取生活之满足与存在，这行动必需是有理论，有组织，有计划的战斗的行动。[1]（《生活教育之特质》）

（三）大众的

真正的生活教育只能是以社会为学校的教育，对社会劳苦大众的教育；社会劳苦大众也只可以在生活里找教育，为生活而教育。从真正的生活教育来看，大众都是先生，大众都是同学，大众都是学生。

少爷小姐有的是钱，大可以为读书而读书，这叫作小众教育。大众只可以在生活里找教育，为生活而教育。当大众没有解放之前，生活斗争是大众唯一的教育。并且孤立地去干生活教育是不可能的，大众要联合起来才有生命可过；即要联合起来，才有教育可受。从真正的生活教育看来，大众都是先生，大众都是同学，大众都是学生。教学做合一，即知即传是大众的生活法，即是大众的教育法。总说一句，生活教育是大众的教育，大众自己办的教育，大众为生活解放而办的教育。[2]（《生活教育之特质》）

（四）前进的

自从有人类以来便有生活，按照"生活即教育"的生活教育理论，有生活当然也就有教育。但是，同在社会中生活，有的人过的是前进的生活，有的人过的是落后的生活，有的人过的是有序的生活，有的人过的是混乱的生活。陶行知先生认为：真正的生活教育理论必须是前进的，只能在前进的生活中产生，也只能是前进的生活本身。对此，陶行知说：

有人说，生活既是教育，那么，自古以来便有生活，即有教育，又何必要我们去办教育呢？他这句话，分析是对的，断语是错的。我们承认自古以来便有生活即有教育。但同在一社会里，有的人是过着前进的生活，有的人过着落后的生活。我们要用前进的生活来引导落后的生活，要大家一起来过前进的生活，受前进的教育。

---

[1] 顾明远，边守正主编.陶行知选集，第2卷[M].北京：教育科学出版社，2011.45.
[2] 顾明远，边守正主编.陶行知选集，第2卷[M].北京：教育科学出版社，2011.45.

前进的意识要通过生活才算是教人真正地向前去。[1]（《生活教育之特质》）

（五）世界的

陶行知的生活教育理论具有面向世界的特质，这是生活教育理论开放性特征的最高表现。"为着要过有意义的生活，我们的生活力是必然的冲开校门，冲开村门，冲开城门，冲开国门，冲开无论什么自私自利的人所造的铁门。所以，整个中华民国和整个世界，才是我们真正的学校咧。"这样的生活必然是一种开放的生活，而绝对不是封闭的生活。在真正的生活教育里，学生就像鸟儿一样，他们冲开鸟笼，失去的是缚手缚脚的桎梏，得到的是在无边无涯无比伟大的森林里翱翔的自由。

课堂里既不许生活进去，又收不下广大的大众，又不许人动一动，又只许人向后退不许人向前进，那么，我们只好承认社会是我们唯一的学校了。马路、弄堂、乡村、工厂、店铺、监牢、战场，凡是生活的场所，都是我们教育自己的场所。那末，我们所失掉的鸟笼，而所得的倒是伟大无比的森林了。为着要过有意义的生活，我们的生活力是必然的冲开校门，冲开村门，冲开城门，冲开国门，冲开无论什么自私自利的人所造的铁门。所以，整个中华民国和整个世界，才是我们真正的学校咧。[2]（《生活教育之特质》）

（六）有历史联系的

这个特质一方面是指生活教育理论是在对传统教育理论的扬弃中形成的。生活教育理论固然是针对传统教育理论（无论中外）的缺陷和弊端，并在崭新的教学改革实践中形成的，但同时也是在对人类几千年生活所形成的教育模式的扬弃中形成的。对中外人类生活和教育历史中遗留下来的宝贵经验和教训，有所剔除，更有所继承、有所创新，即在现实生活中不断地检验历史教训，使之有重新指导生活的作用；另一方面是指生活教育理论是适合具体的中国国情，为进行现实的生活斗争实现中华民族解放的目标而形成的。它既连接着20世纪二三十年代的中国教育，也以其科学性启示着21世纪中国的当代教育。

这里应该从两方面来说。第一，人类从几千年生活斗争中所得到，而留下来的宝贵的历史教训，我们必须用选择的态度来接受。但是我们要留心，千万不可为读历

---

[1] 顾明远，边守正主编.陶行知选集，第2卷[M].北京：教育科学出版社，2011.45.
[2] 顾明远，边守正主编.陶行知选集，第2卷[M].北京：教育科学出版社，2011.46.

史而读历史。我们必须把历史的教训，和个人或集团的生活联系起来。历史教训必须通过现生活，从现生活中滤下来，才有指导生活的作用。这样经生活滤过的历史教训，可以使我们的生活倍上加倍地丰富起来。倘使一个人停留在自我或少数同伴的生活上，而拒绝广大人类的历史教训，那便是懒惰不长进，跌在狭义的经验论的泥沟里，甘心情愿地做一只小泥鳅。第二，中国已经到了生死关头，争取大众解放，它必须要争取中华民族的解放；为着要争取中华民族的解放，它必须教育大众联合起来解决国难。因此，推进大众文化以保卫中华民国领土主权之完整，而争取中华民族之自由平等，是成了每一个生活教育同志当前所不可推卸的天职了。(《生活教育之特质》)

三、陶行知生活教育理论的基本观点

包括："生活即教育"、"社会即学校"、"教学做合一"三大教育原理，这三大教育原理构成了陶行知"生活教育"概念的内涵和外延，是生活教育理论的"三大基石"。"生活教育"就是"给生活以教育，用生活来教育，为生活向前向上的需要而教育"。"生活教育是活的教育"，它的思想内涵是丰富而科学的，现将它的三大教育原理的内涵分别论述如下：

(一)"生活即教育"

"生活即教育"是生活教育理论的主体，是对教育本质的一种诠释。"生活即教育"指的是生活本身就是教育，它与"生活教育"这一总称在概念的外延上并无多大差异，所以可以说"生活即教育"是"生活教育"理论的主体。只不过，作为一种理论体系以"生活教育"言之，而"生活即教育"就可看作是对教育本质的一种诠释。

陶行知认为到处是生活，即到处是教育。因此，我们可以说生活就是教育，生活与教育经历着同一过程，教育不能脱离生活，生活也不能离开教育。详细来讲，"生活即教育"包含三层基本涵义：

1. 生活决定教育，是教育的中心，教育来源于生活。生活的性质和内容决定了教育的性质和内容。因此，过什么样的生活便受什么样的教育，生活决定教育，教育来自生活。所以教育要以生活为中心，从生活出发，为生活而教育，在生活中进行教育。

第五部分 "行是知之始"

——陶行知生活教育思想

教育的根本意义是生活之变化。生活无时不变，即生活无时不含有教育的意义。因此，我们可以说："生活即教育。"到处是生活，即到处是教育；整个的社会是生活的场所，亦即教育之场所。因此，我们又可以说："社会即学校。"

过什么生活，便是受什么教育：过好的生活，便是受好的教育；过坏的生活，便是受坏的教育；过有目的的生活，便是受有目的的教育；过糊里糊涂的生活，便是受糊里糊涂的教育；过有组织的生活，便是受有组织的教育；过一盘散沙的生活，便是受一盘散沙的教育；过乱七八糟的生活，便是受乱七八糟的教育。过的是少爷生活，虽天天读劳动的书籍，不算是受着劳动教育；过的是迷信生活，虽天天听科学的演讲，不算是受着科学教育；过的是随地吐痰的生活，虽天天写笔记，不算是受着卫生的教育；过的是开倒车的生活，虽天天谈革命的行动，不算是受着革命的教育。我们要想受什么教育，便须过什么生活。[1]（《普及现代生活教育之路》）

生活教育是以生活为中心之教育。它不是要求教育与生活联络。一提到联络，便含有彼此相处的意思。倘使我们主张教育与生活联络，便不啻承认教育与生活是两个个体，好像一个是张三，一个是李四，平日不相识，现在要互递名片结为朋友。联络的本意原想使教育与生活发生更密切的关系，不知道一把它们看作两个个体，便使它们格外疏远了。生活与教育是一个东西，不是两个东西。在生活教育的观点看来，它们是一个现象的两个名称，好比一个人的小名与学名。先生用学名喊他，妈妈用小名喊他，毕竟他是他，不是她。生活即教育，是生活便是教育；不是生活便不是教育。分开来说，过什么生活便是受什么教育：过康健的生活便是受康健的教育；过科学的生活便是受科学的教育；过劳动的生活便是受劳动的教育；过艺术的生活便是受艺术的教育；过社会革命的生活便是受社会革命的教育。以此类推，我们可以说：好生活是好教育；坏生活是坏教育；高尚的生活是高尚的教育；下流的生活是下流的教育；合理的生活是合理的教育；不合理的生活是不合理的教育；有目的的生活是有目的的教育；无目的的生活是无目的的教育。反过来说，平日过的是少爷小姐的生活，便念尽了汗牛充栋的劳动书，也不算是劳动教育；平日过的是奴隶牛马的生活，便把《民权训步》念得透熟，熟得倒过来背，也算不了民权教育。没有生活做中心的教育是死教育。没有生活做中心的学校是死学校。没有生活做中心的书本是死书本。

---

[1] 顾明远，边守正主编.陶行知选集，第2卷[M].北京：教育科学出版社，2011.16.

在死教育、死学校、死书本里鬼混的人是死人——先生是先死，学生是学死！先死与学死所造成的国是死国，所造成的世界是死世界。[1]（《教学做合一下之教科书》）

下面我们通过陶行知在晓庄的实践活动，来更进一步理解他的生活即教育理论。陶行知在晓庄提出要有农夫的身手。为了使教师了解农民的困难和问题，能够更好地帮助他们，成为他们的朋友；可以在闲暇时候做园艺，获得低额薪俸，作为补贴；有了农夫的身手，在乡间就有了用武之地，这样可增加办学之乐，而少办学之苦。在晓庄，创设了"园艺农事教学做"特色课程。学校在实施过程中，备田园二百亩供学生耕种；荒山十里，供学生造林；备最小数经费，供学生自造茅屋居住；备中心学校数处，供学生实地学做。学生们学习耕种、土木工程、烹饪、园艺、缝纫、编织、卫生等课程，所到之处：田间、厨房、农场、农家，都是学习的课堂。学生男的以开荒挑粪、女的倒马桶作为考试，洗菜、烧饭、打杂都得学生自己动手。陶行知还鼓励学生勤工俭学，学校中烹饪、卫生、洒扫等工作都由学生来完成。这不仅培养学生农夫的身手，更是培养实际生活的能力。在晓庄，陶行知把大礼堂命名为"犁宫"，门前挂上"和马牛羊鸡犬豕做朋友，对稻粱菽麦黍稷下功夫"的对联，把图书馆命名为"书呆子莫来馆"，把饭堂叫作"食力厅"，在学校各个角落充满了生活教育的氛围和气息。

2. 教育对生活具有反作用，即能改造生活。

教育既然源于生活，便会对生活产生反作用。陶行知认为，教育应当是为生活服务的，应该以促进生活的向前向上的发展为动力，为生活的需要而办教育，教育不应该只是消极地来适应生活，而应该对生活产生反作用，来促进和改造生活，教育是教人化人，化人者也为人所化，教育总是互相感化，"互相感化，便是互相改造"，所以"我们一提及教育便含了改造的意义"。陶行知提出要用前进的生活来引导落后的生活，要大家一起来过前进的生活，受前进的教育。所以，教育的目的是以前进的生活改造落后的生活，以合理的生活改造不合理的生活，以有计划的生活改造无序的生活，即不断地通过教育实践来提高和改造生活，使人民大众的整个生活向着更高的水平和境界前进，使人们在不断进步的生活中受到不断进步的教育。

陶行知提出，要想化农民，须受农民化。中国作为一个农业国要发展，从农业文明过渡到工业文明，首先要"让农民识字、懂理——懂得现代社会、政治、经济、道德、科学、艺术、卫生等等的道理"，实现"化农民"的使命。而"化农民"的

---

[1] 顾明远，边守正主编.陶行知选集，第1卷[M].北京：教育科学出版社，2011.423.

前提是接近农民、亲近农民，接受"农民化"，才能影响农民。谭斌在她的博士后出站报告《在个人生活与历史之间》中提出，陶行知在衣食住、语言、态度上的农民化，作为对身体资本的自我设计，增加了农民对他的认同。从学校角度看，陶行知在生活、语言、态度上的表率，更多是出于增加教育者对乡村生活的认同，只有教育者真正融入到乡村生活，才可能理解农民的需要，解决农民的问题。

陶行知一创办晓庄，就换上农民的衣着，穿粗布衣，打草鞋，住柴棚，带领师生下田耕种。谭斌在文中提到一个事例：有一次，江宁师范请他去演讲，他天不亮起来，徒步而去，走到镇上饥肠辘辘，便买了油条在街上一面走一面吃。该校徐校长特地派学生到镇头去迎接，久候不至。迎接的人以为陶先生一定举止阔绰，并不注意路上碰到身穿农民装，一边走一边啃油条的人。回校一看，坐在会客室里的正是方才啃油条的人。陶行知用自己的行为打破师生眼中一贯的教育者形象，重新阐释关于乡村教育者的理解，塑造亲近农民、服务于农民的形象。陶行知要求师生在生活细节中改变，最终是对传统观念的颠覆，教育者的神圣感和与大众之间的隐性隔膜被淡化，农民的认同感自然而然地产生。

陶行知要求学校的每位师生必须有自己的农民朋友，亲自到农民的家里去交谈、访问，了解他们的生活，避免用之乎者也，这些农民听不懂，也不感兴趣。要"化农民"，唤起民众，要用他们熟悉的语言和感兴趣的方式，陶行知说怎样的文章语言就是好的？最好的方法是找老妈子，她们听懂了，就是好的文章语言。陶行知在晓庄周围的乡村还开设茶园，有各种丰富的活动，其中说书是最喜闻乐见的形式，通过说书，陶行知添加爱国富国、人文自然、读书识字等新内容，易被乡民接受。

3. 生活和教育共始终

我们每个人有"生"便会"有生活"，有生活即有教育，所以"生活教育与生俱来，与生同去。出世便是破蒙，进棺材才算毕业"。可见，要真正实现"生活即教育"最重要的就在于使人们养成持续不断地学习的习惯，正是基于"生活即教育"的教育思想，陶行知后来提出了终身教育的观念。他说："我们要对众人养成的态度是：活到老；做到老；学到老。"

由上面论述可知，教育和生活不是简单的等同关系，它们同生同在、相互渗透不可分割，并且具有作用与反作用的辩证统一关系。如果对"生活即教育"这个原理进行一个简明的概括，那就是：生活决定教育，教育改造生活，教育与生活共始终。

我们看了这么多生活教育的理论，那么生活如何与教育共始终？这里我们以陶行知写的一篇短文《美国活动教授之一段》，来认识生活如何可以与教育共始终。

某日，二年级学生中有个名叫托马斯的恰过生日，他的母亲特为他备了一盘生辰糕送到课堂里来，要柏女士分给多玛的同学吃，以便大家热闹一番。柏女士接过盘来，笑问全班学生说："谁应分这美丽的糕？"大家回答说："先生，你来分。"女士以为然，将糕一块一块地切好了。又问："请告诉我，谁应吃第一块糕？"大家欢呼说："多玛，多玛！"女士依大家的话，先给多玛一块，然后按着座位的次序，分给全班学生。分了后，还余几块，女士又问道："现在糕尚有余，怎样是好？"一位学生起立说："先生请自吃一块。"又一个学生说："托马斯的母亲在那边，何不给她一块？"又一个学生指着参观的人说："何不给那三位客人几块？"这三个学生的话，柏女士以为都不差，故先派一个学生送糕给托马斯的母亲，其次再送参观的客人每人一块，然后女士自取一块，大家齐吃一顿。学生、教员、母亲和参观的客人皆大欢喜。最后，一位七岁女孩来向托马斯说："多谢你的好糕，我很情愿天天是你的生日。"大家听见后，都以为是妙人妙语。过不多时，习字的功课到了，快乐之后，势难静坐。柏女士乃弹琴数下，大家听了那清静的琴声，就不知不觉地静下来了。这是柏格罗女士分糕寓教的一段教授法。

第一，教学教育的功效，一部分要靠着学校和家庭的联络。看托马斯的母亲送糕到学校里来，可以晓得她母亲与教师的感情深厚。第二，教育的方法首重启发思想。女士所问的事，表面上看起来，似很平常，却是能引导起学生独立的思考。第三，课堂里面的精神，一来靠着先生和学生的感情，二来靠着同学彼此的感情。看这一课的终始，不但教员和学生有感情，就是那同学感情也很融洽。那堂内一段和气，实非笔墨言语所能形容的。第四，教育儿童，应当严格的地方便须严格；应当放任的地方便须放任。美国的教育偏重放任，中国的教育偏重严格。太放任了虽是富于自由，不免溢出范围；太严格了，虽是谨守规则，却有些枯干气味，都不是应当有的现象。柏格罗女士的班上，自由中有规则，规则中有自由。学生既有发言的机会，又能中绳准，真是难得的！第五，善教的人随事寓教，不但是教书就算了。同一生辰送糕，如果遇了不好的先生，他便会驳斥说："学校重地，不准吃糕。"遇了平常的教员，也不过

一饱口福就罢了。但是到了好先生的手里，就是教育的一段好材料。[1]（《美国活动教授之一段》）

4. 生活教育的要求

陶行知提出了生活教育的四个要求，这是对生活教育的深入分析，也是今天用来衡量我们的教育的一个标准。我们不妨比照一下下面的这些标准，审视一下我们的教育是不是生活教育。

知识是要自己像开矿挖去取来的。取便是行。中国学子被先知后行的学说所麻醉，习惯成了自然，平日不肯行，不敢行，终于不能行，也就一无所知。如果有所知，也不过是知人之所知，不是我之所谓知。……"有行的勇气，才有知的收获。"先知后行学说的土壤里，长不出科学的树，开不出科学的花，结不出科学的果。

生活教育的要求是：整个的生活要有整个的教育。每个活动都要有目标，有计划，有方法，有工具，有指导，有考核。智识与品行分不开，思想与行为分不开，课内与课外分不开，做人做事与读书分不开，即教育与训育分不开。生活教育之下只有纵的分任，绝无横的割裂。

一、自立与互助

"滴自己的汗，吃自己的饭，自己的事自己干。靠人靠天靠祖上，不算是好汉。"……但是自立不是孤高，不是自扫门前雪。我们不但是一个人，并且是一个人中人。人与人的关系是建筑在互助的友谊上。凡是同志，都是朋友，便当互助。倘不互助，就不是朋友，便不是同志。

二、平等与责任

在同一的团体里要人共同守法，必须共同立法。但同志的法律地位虽平等，而责任则因职务而不同。职务按行政系统分配，各有各的职务，即各有各的责任。责任在指挥，当行指挥之权，责任在受指挥，应负受指挥之义务。

三、自由与纪律

在理想的社会里，凡是人的问题都可以自由地想，自由地谈，自由地试验。晓庄虽然没有达到这种境界，但愿意努力创造这样的一个社会。这里储蓄着进步的泉源，这里蕴藏着人生的乐趣。

---

[1] 顾明远，边守正主编.陶行知选集，第1卷[M].北京：教育科学出版社，2011.46.

四、大同与大不同

"大同与大不同，这又是一对似乎矛盾而实相成的名词。我们试到一个花园里面去看一看：万紫千红，各有它的美丽；那构成花园的伟观的成分正是各种花草的大不同处。将这些大不同的花草分别栽种，使他们各得其所，及时发荣滋长，现出一冲和谐的气象，令人一进门便感觉到生命的节奏：这便是大同之效。

我们愿意在这里面的人都能各得其所，现出各人本来之美，以构成晓庄之美。如果要找一个人中模范教一切人都学成和他一样，无异于教桃花、榴花拜荷花做模范。我们当教师的实在需要园丁的智慧。晓庄不但是不要把个个学生造成一模一样，并且也不愿他们出去照样画葫芦。晓庄同志无论到什么地方去，如果只能办成晓庄一样的学校，便算本领没有学到家，便算失败。没有两个环境是相同的，怎能同样地办？晓庄同志要创造和晓庄大不同的学校才算是和晓庄同，才算是第一流的贡献，才算是有些成功。

我们的使命是教导乡下阿斗做中华民国的主人。乡下阿斗没有出头之先，我们休想出头。乡下阿斗没有享福之先，我们休想享福。我们若是赶在农人前面去出头享福，只此一念便是变相的土豪劣绅。与农人同甘苦，共休戚，才能得到光明，探出生路。"[1]（《晓庄三岁敬告同志书》）

（二）"社会即学校"

"社会即学校"是指"生活即教育"的范围，是有关教育组织的论见。

既然生活与教育为一体，"生活即教育"表明"到处是生活，即到处是教育；整个的社会是生活场所，亦即教育之场所。"因此，我们又可以说："社会即学校。"就是说社会本身就是学校，整个社会便是一个大学校。

"社会即学校"是生活教育的范围在空间上的扩展，是生活教育的组织形式，它至少包括以下几重含义：一是生活教育的范围不局限于学校生活，而是整个社会生活；它是借助学校教育这个形式，与家庭教育、社会教育结合起来的整体教育，是"活"的教育。对此，陶行知指出，要使以"死书本"来施行"死教育"的"死学校"得到根本的改造，就必须"开笼放雀"，将学校与社会打成一片，这就需要彻底地拆除学校和社会之间的那道高墙；但陶行知也对"学校社会化"

---

[1]　顾明远，边守正主编.陶行知选集，第1卷[M].北京：教育科学出版社，2011.401.

的做法进行了批判，认为把社会里的东西选几样缩小后放到学校里去的做法只是使一只小鸟笼变为一只大鸟笼，"但它总归是一只鸟笼，不是鸟世界"。生活教育者的做法是"把墙拆去"，"承认社会即学校"，"这种学校是以青天为顶，大地为底，二十八宿为围墙，人人都是先生，都是学生，都是同学"的学校。只有这样，"凡是生活的场所，都是我们教育自己的场所，那么，我们所失掉的是鸟笼，而所得的倒是伟大无比的森林了"。二是"社会即学校"使"读书"的教育变成"行动"的教育，因为"社会即学校"是在"生活即教育"和"教学做合一"的理论导引下产生的。为纠正寻常人认为读书就是教育，教育就是读书写字的误解，克服教学做分家的弊端，学校教育的狭隘性自然是不可能实现这样的目标的，"为要真正地教育，必须做到'社会即学校'这一点"，实现"社会即学校"就实现了对传统的仅以读书为教育的学校教育的彻底改造，"整个的社会活动，就是我们的教育范围，不需要谈什么联络，而他的血脉是自然相通的"这种学校、社会的共同进步就是行动——"自然而然地去运用社会的力量，以济社会的需求"，"老教育坐而听，不能起而行，新教育却是有行动的"。三是"社会即学校"可使教育对象从"小众"的教育变成"大众"的教育。在陶行知看来，当时一般意义上的学校只是少爷、小姐、政客、书呆子的特殊学校，既不允许生活进去，也不接受劳苦大众，只是"为读书而读书"的"小众教育"。"从大众的立场上看，社会是大众唯一的学校，生活是大众唯一的教育。大众必须正式承认它，并且运用它来增加自己的智识，增加自己的力量，增加自己的信仰。"换句话说就是实现了"社会即学校"，把整个社会当作学校，"这么一扩大，学校自然也很广大了，教师也多，功课也繁，至于学生的范围也就更多了。因而教育的效果也就更实在了"。

生活即教育，教育极其广阔自由，如同一只鸟放在林子里的，教育即生活，将教育和生活关在学校大门里，如同一只鸟关在笼子里的；生活即教育是承认一切非正式的东西都在教育范围以内，这是极有力量的；生活即教育是叫教育从书本的到人生的，从狭隘的到广阔的，从字面的到手脑相长的，从耳目的到身心全顾的。[1]（《生活即教育——答操震球问》）

在他看来，中国的传统学校像鸟笼一样，把学生圈在一个狭小的范围里与社会生活隔绝，他的生活教育就是要打破这样的隔绝，把学校的一切伸张到大自然里去，深入到社会生活中去。

---

[1] 顾明远，边守正主编.陶行知选集，第3卷[M].北京：教育科学出版社，2011.124.

　　陶行知强调教师应该具有改造社会的精神。要最大限度地发挥教师的作用和影响力，改造乡村生活。晓庄设立"社会环境教学做"课程，成立社会改造部，陶行知兼部长，全校师生参与。改造部下设总务、教育、卫生、农林、交通、水利、自卫、经济、妇女、编辑、调查十二股，划定改造区域，开展服务。晓庄在周围建立农村实验区，办了贫民读书处、中心茶园、乡村医院、信用合作社和农业自卫团。贫民读书处积极为乡村实施扫盲活动；为丰富农村生活，开设中心茶园，内设乒乓球、围棋、象棋、胡琴、笛子、图书、画报等文体用品，供乡民娱乐；开办乡村医院用来防治乡村常见的疾病。晓庄师生还对保卫地方治安、打击土匪、禁烟禁赌等都做出了成绩。

　　晓庄试验乡村师范学校的课程内容全部围绕乡村生活展开。和当时的其他师范学校相比，晓庄师范的学生看起来似乎没有"正规的"课程内容可以学习。没有人整天坐在教室里，捧着书本，"两耳不闻窗外事，一心只读圣贤书"。学生们每天必修的功课就是在田地里劳动，尽自己最大的能力向农夫、樵夫、渔夫学习，并融入整个乡村生活。通过农业生产劳动，获得粮食和蔬菜，通过手工劳动，自己编织自己的草鞋。总之，全校师生无一例外的都是通过自己的劳动来获得必要的生活用品。学生们受到的培训只是掌握巧妙解决乡村生活中遇到的问题的方法，以及运用恰当的示范方式，通过言传身教，把自己的知识教给农民。学生们建立的一些公共活动场所，如茶馆之类，具有道德教育与民主意识的培养陶冶功能。农民们通过参与学生活动，逐渐了解了一些新的组织形式和政治常识，和他们边做边学新的农业技术一样。在给全体晓庄同学的一封信中，陶行知曾说实际生活是他们学习的指南针。可以说，晓庄师范的课程设置就是围绕这个"指南针"来安排的。

　　在晓庄的教育试验中，陶行知把课程改革与社会改造结合起来，"改造社会环境的教学做"活动也就相应成为一门必修课程，具体通过村民自治、平民教育、合作组织、乡村生活调查、农民娱乐等方面来实施。当时的中国乡村社会，匪盗猖獗，治安较差，农民生活经常受到滋扰。陶行知先把学生们组织起来，进行自卫训练，取得效果之后又发动周边村镇的村民组成联村自卫团，达到联动，形成规模，从而使得土匪的抢劫活动收敛许多，并且达到了维护乡村治安、引导村民自治的目的。关于平民教育的实施，晓庄师范学校先在本部设立平民学校与平民教育读书处，随后在中心小学设立平民夜校，晓庄师生轮流担任教师，对村民进行文化扫盲教育，日益成熟后还加入平民教育问题的研究等内容。这不仅提高了当地农民的文化素质,而且锻炼了晓庄学生的教学能力。乡村生活的改造涉及科学、教育、文化、卫生等社会事业的方方面面。晓庄的学生们为提高农民的科学意识,建立了农艺陈列馆,介绍先进的农场管理经验、农具改良方法、农业加工项目等。与中华教育改进社联合开办木匠店,培养具有一定文化素质的木工人才,以改良农具。鉴于乡村生活闭塞、医疗卫生条件较差等原因,晓庄师范要求学生必须具备医疗卫生知识,并且要从实际生活中获得经验,由此而建立乡村医院,治疗农村常见疾病。乡村生活调查主要通过"会朋友去"制度来进行,这个制度是造就密切联系群众、立足乡村社会的优秀乡村教师的重要方法。同学们固定在每周四下午去访问农民,关于访问内容、目的、方法先开会商议,访问结束后回校总结,交流经验。这种活动使同学们熟悉了乡村社会基本情况,拉近了与农民之间的距离,又能帮助农民解决一些实际问题。通过这种活动的开展,同学们获得了书本上学不到的知识。为了丰富乡村业余文化生活,晓庄师生还在本部以及各中心小学开办了中心茶园,茶园里准备了琴、棋、书、报等娱乐项目,同学们还在茶园向农民们介绍政治程序、民主意识、科学精神等方面的知识,借以改善农民觉悟。

最后,我们还是来看一下在《怎样指导小朋友明白时事》这篇文章中,陶行知向我们展示了怎样实践生活教育理论的。

我们要想做个现代人,必须天天看报。报是有时说谎,有时讲真话。你得教你的小朋友像只花猫一样,一见老鼠就把它捉住。新近所举行的二十架飞机比赛是一个最好的例子。我和子云帮助法华过。山海工学团的小孩们抓住了这个机会,丝毫不放松。每天把中西文报纸剪下,贴在一本簿上。地图是放在手边,一遇到地名就查,并把飞行的路线画起来。中国地理书的名词不统一,很给了小孩子一些困难。例如报上登的报达,在寻常地图上只有在阿拉伯之北,伊拉克境内,查着一个巴格达,报达就是巴格达,我们是费了好多力,并且查了英文报才知道确实。我们把飞行路线画准以后,就查看英国沿途之殖民地。从此,我们就追求英国空军对于维持殖民地之关系。我们将来还要进一步查出世界各国及中国空军力量之比较,以及世界第二次大战空军所占的地位。这次飞行比赛还给了我们一个做算学的机会。从伦敦到墨尔本有多少哩?等于中国里多少里?史考梯每时平均飞多少里?倘使一个人要从伦敦走到墨尔本(假使他也能在水面上走),每天走一百里,要多少日子才到?我们还预备做些简单的实验,看些书,追求飞机构造的原理及发明之史略。总之,我们拿了这次比赛做中心,把历史、地理、科学、算术、社会打成一片去干。我们不要忘记，它也给了我们一个充分活用图书的动机。我们也把国语和飞机比赛连了起来。[1]（《怎样指导小朋友明白时事》）

（三）"教学做合一"

"教学做合一"是生活教育理论的方法论，是对教学方法的阐释，它也是生活教育理论实施的方法和途径，在生活教育理论体系中，陶行知对其阐述最多最详，它所包含的内容也最为丰富，陶行知不仅专门撰写了数篇论述教学做合一的文章，在他的其他文章里也经常提及教学做合一。"教学做合一"的理论是陶行知在批判脱离生活脱离实际的传统教育弊端，不断进行教学改革的过程中逐步提出并形成的，它的涵义是：

教的法子根据学的法子；学的法子根据做的法子。事怎样做便怎样学，怎样学便怎样教。教与学都以做为中心"[2]（《教学合一》），是教师教和学生学的过程中的中心。在这里，"做"含有行动、思想、产生新价值的特征，由行动而发生思想，由思想而产生新价值，这便是创造的过程。关于行动、思想和创造三者的关系，陶行知有一个形象的比喻：行动是老子，思想是儿子，创造是孙子。行动的教育是要让学生从小做起，从小就要学用玩具、学制造玩具、学具、工具等，而不是在传统教育的死记硬背上下功夫从而丧失了行动和创造的本能。总之，陶行知的教育哲学认识论是建立在"实践第一"、"理论和实践相结合"的基础上的，即"行是知之始"。他认为离开了"做"这个中心就达不到教学的目的，就无从掌握知识，即使靠死教、死学知道一些知识也是没有什么用处的死知识。

1. 教学合一

陶行知首先在《教学合一》中批判了学校教育中对于教学的错误认识。明确提出教师责任不是教，而是应该教学生学。如何改变这种局面，我们认为首先要确立师生平等观。在教育过程中，教师要改变原来高高在上的地位，从知识的传授者变为学生学习的引导者；学生要由传统学习中的被动接受者变为一个主动学习者，成为自己学习的主人。学生才是学习的主体，在教学活动中占主体地位，教师的作用就是引导学生发展，最大限度地调动学生学习的积极性和创造性。其

[1] 顾明远，边守正主编.陶行知选集，第2卷[M].北京：教育科学出版社，2011.279.
[2] 顾明远，边守正主编.陶行知选集，第1卷[M].北京：教育科学出版社，2011.346.

次要重视师生间的"教学相长"。陶行知认为师生之间每天都在赛跑，教师要鞭策自己努力跑在前头，因为要教学生向前上进，非自己向前上进不可；他还说"要向小孩子学习"，"不愿向学生学习的人，不配做学生的先生"，主张师生"共学、共事、共修养的方法"。

同时，还必须明确教师与学生在教学过程中的责任。教师的责任是"教学生学"，就是通过教学使学生学会学习，具有独立观察、思考、分析、判断和解决问题的能力，学会自己去获得知识与经验。而学生的责任就是在教师的引导下积极思考，发挥自己的主体作用，最大限度地掌握新的知识和新的方法，敢于探索，勇于创新。

现在的人叫在学校里做先生的为教员，叫他所做的事体为教书，叫他所用的法子为教授法，好像先生是专门教学生些书本知识的人。他似乎除了教以外，便没有别的本领；除书之外，便没有别的事教。而在这种学校里的学生除了受教之外，也没有别的功课。先生只管教，学生只管受教，好像是学的事体，都被教的事体打消掉了。论起名字来，居然是学校；讲起实在来，却又像教校。这都是因为重教太过，所以不知不觉地就将它和学分离了。然而教学两者，实在是不可分离的，实在是应当合一的。[1]（《教学合一》）

第一，先生的责任不在教，而在教学，而在教学生学。

大凡世界上的先生可分为三种。第一种先生只管教书，只管照自己的意思去教学生，凡是学生的才能兴味，一概不顾，专门勉强拿学生来凑他的教法，配他的教材。甚至有些先生不惜使用强迫手段要学生朝着指定的路线走。教育的目的本是为了学生的发展，可教的过程偏偏无视学生。这样教学的结果只能是：先生自己做了书架子、字纸篓之制造家，也使那活泼可爱的小孩子做了书架子、字纸篓；先生收效少，学生苦恼多；师生界限分明，甚至闹得师生对垒，关系紧张。第二种先生不是教书，乃是教学生。这样的先生好于前者。先生眼中不再只有书本，他所注意的中心点，从书本上移在学生身上来了；不像从前拿学生来配书本，现在他拿书本来配学生，他不但要拿书本来配学生，凡是学生需要的，他都拿来给他们。但这样的先生仍然是一味地教给。教的方式是死的，学生也就仍然处在被动的地位。事事先生教授，学生不能学习自得自动，显然不是教育的目的。热心的先生，故想将他所有的传给学生，然而

---

[1] 顾明远，边守正主编.陶行知选集，第1卷[M].北京：教育科学出版社，2011.322.

世界上新理无穷，先生安能尽把天地间的奥妙为学生一齐发明？既然不能为学生一齐发明，那他所能给学生的，也是有限的，其余还是要学生自己去找出来的。对于一个问题，不是要先生拿现成的解决方法来传授学生，乃是要把这个解决方法如何找来的手续程度，安排停当，指导他，使他以最短的时间，经过相类似的经验，发生相类似的理想，自己将这个方法找出来，并且能够利用这种经验理想来找别的方法，解决另外的问题。得了这种经验理想，然后学生才能探知识的本源，求知识的归宿，对于世间一切真理，不难取之不尽，用之无穷了。

当前，学生的学习方式正由传统的接受式学习向创造性学习转变，这就要求教师必须从传授知识的角色向指导学习的角色转变。作为传统传授者角色的教师，他们是唯一的知识的拥有者，学生是知识的接受者。而在当今信息网络时代，人们很容易从外部数据资源中获得信息和知识，教师的角色不再以信息的传播者、讲授者或组织良好的知识体系的呈现者为主，其主要职能表现在：帮助学生确定适当的学习目标，并确认和协调达到目标的最佳途径；指导学生形成良好的学习习惯、掌握学习策略和发展元认知能力；创设丰富的教学情景，激发学生的学习动机，培养学习兴趣，充分调动学生的学习积极性等。因此教师在教学过程中最重要的任务是帮助学生学会学习，善于指导学生学习，成为学习的指导者。

教育的目的是为了使学生变得更聪明、更高尚、更成熟。只传授知识的教师是"经师"，只有那些使学生能生动活泼地、主动地得到较好发展的教师，才是最好的教师。这样的教师不但教学生学习知识，而且教学生学会学习；善于激发学生的学习热情，培养学生自主学习的能力和习惯，调整学生的不良情绪和心态；经常提醒学生仔细认真、勤奋、刻苦，培养良好的学习心理品质；善于发现学生的学习差距，特别关注学习成绩不佳的学生；并善于使学生相互帮助，形成良好的学习风气。

第二，教的法子必须根据于学的法子。

教师育人是教师的天职，教师是通过教书来育人，教书是育人的途径。这就涉及一个问题："书"是能"教"的吗？建构主义学习理论认为，没有任何东西可以教给任何人，教育不是工程师进行的机械加工，用什么模子出什么活儿；教育也不是园丁栽培植物，种瓜得瓜，种豆得豆。教育行为与人的发展之间并不存在一种简单、直接的关系，而是一种复杂、间接、非线性的关系。学生知识的获得、品德的形成、行为习惯的养成，都是在外部教育的影响下，通过其内在的因素而完成的。教师的职责应该是促进学生自主建构知识，并获得全面发展。

第五部分 "行是知之始"
——陶行知生活教育思想

从前的先生，只管照自己的意思去教学生；凡是学生的才能兴味，一概不顾，专门勉强拿学生来凑他的教法，配他的教材。一来先生收效很少，二来学生苦恼太多，这都是教学不合一的流弊。如果让教的法子自然根据学的法子，那时先生就费力少而成功多，学生一方面也就能够乐学了。所以怎样学就须怎样教；学得多教得多，学得少教得少；学得快教得快，学得慢教得慢。这是教学应该合一的第二个理由。[1]（《教学合一》）

在课堂中，教育者和受教育者没有严格的界线，双方都在"做上教，做上学"，是互动的关系。这不同于杜威提出的"从做中学"。因为"从做中学"只强调学生在做中学，却没有强调教师在做上教，体现不出融洽平等互教互学的教育观。而"教学做合一"注重建立一种平等、民主、相互尊重、友好合作的师生关系，引导学生的情感处于自由、安全、宽松、积极的状态，使学生的创造性思维进入一个自由驰骋的心理空间。陶行知坚信学生要学会自治，并且主张训练学生的最佳方式就是亲身实践。我们要求中小学教师改变传统的、习以为常的教学模式、教学方法，确立一种崭新的教育观念。因为随着信息时代的到来，社会上各种媒体都高度发达，新知识、新信息的拥有不再是教师的专利，因此，在学校的课堂教学中，师生之间是以交往互动的方式进行教与学，教学相长，取长补短。它所强调的是学生学的过程。

第三，先生不但要拿他教的法子和学生学的法子联络，并须和他自己的学问联络起来。

用各自独特的精神表现方式，在教学的过程中通过心灵的对接、意见的交换、思想的碰撞、合作的探讨、知识的共同拥有与个性的全面发展来进行。在这样的教学氛围中，课堂已不再单纯是教师独霸的唱独角戏的舞台，也不再是一个个学生张开口袋等待灌注知识的回收站，而应当是生机勃勃、其乐融融的生命活动的广阔天地，思想的野马可以驰骋于宇宙天地之间，可以遨游于古今中外，穿越时空的隧道而达到开掘智慧的彼岸。在这种课堂教学中，师生之间共同达到一种"乐而忘忧"的教学境界，别人的信息为己所吸收，自己的观点在与别人的碰撞中得到升华，每个人的知识、经验都取得新意义上的获取和创新。在这样的课堂里才能真正形成"学习共同体"，成为展开生命活动和精神活动的"理想世界"。这样的教学也才是一种真正意义上的全方位的沟通，教师与学生才能对所学的东西达成共识，真正拥有知识，并且共同享有对方的经验和体验，也才能实现在新

---

[1] 顾明远，边守正主编.陶行知选集，第1卷[M].北京：教育科学出版社，2011.323.

课改中师生"教学相长"、共同发展的目标。

做先生的，应该一面教一面学，并不是贩卖些知识来，就可以终身卖不尽的。现在教育界的通病，就是各人拿从前所学的抄袭过来，传给学生。看他书房里书架上所摆设的，无非是从前读过的几本旧教科书；就是这几本书，也还未必去温习的，何况乎研究新的学问，求新的进步呢？先生既没有进步，学生也就难有进步了。……时常研究学问，就能时常找到新理。这不但是教诲丰富，学生能多得些益处，而且时常有新的材料发表，也是做先生的一件畅快的事体。因为教育界无限枯寂的生活，都是因为当事的人，故步自封，不能自新所致。[1]（《教学合一》）

"教自己学"、"教学生学"与"师生都能自得自动"二者之间存在着一种必然性的因果关系，它是陶行知先生在教育实践中总结出来的教学规律。当代教育实践中，钱梦龙阅读课上的"教"，于漪作文课上的"下水"，都可以作为陶行知"以教人者教己"思想内涵的现代版注解。

谈到自己教语文的秘诀，钱梦龙先生说："为了指导学生自己学课文，我备课首先考虑的不是怎样'讲'文章，而是自己怎样'读'文章。为此，每教一篇课文之前，我总要反反复复地读，或朗诵，或默想，或圈点，直到确实'品'出了味儿，才决定怎样去教。所谓'教'，也不是把自己已经认识了的东西全部端给学生，而是着重介绍读文章的思路和方法，进而引导学生自己到阅读中去理解、品味。我发现，任何一篇文章只有自己读出了心得，读出了感情，才能找到引导学生的办法，才能把学生读文章的热情也'鼓'起来。"这就是钱梦龙语文阅读课采用的"以教人者教己"之法，正是运用这种方法，钱梦龙上课从不搬教参。

于漪所倡导的作文课"下水"也深含此理。何谓"下水"？要教会学生写作文，教师自己就得会作文，就得亲自动笔作文。理由很简单。"文章作法是写作实践的经验总结，确实有指导写作的功能。但是，课堂上搬那么几条，就希望在学生作文上显奇迹，那是不可能的。重要的在于实践、体验、琢磨、推敲、领悟，最后进入通达的佳境。教师要学生走这条学作文的道路，自己必须先探路，亲尝甘苦，洞悉关隘沟渠，寻觅跨越的良策。不如此，就难以取得指导学生作文的主动权。"

陶行知强调老师要教给学生学习方法，他认为先生的责任不在教，而在教学，在教学生学。他明确指出活的人才，不是灌输知识，而是将开发文化宝库的钥匙教给学生。这是符合教学法规律的。因此，优秀的教师上课前应先让学生预习，发现问题并尝试解决：在上课时老师要有意识地创造一定的情景，引导学生经历

---

[1] 顾明远, 边守正主编.陶行知选集, 第1卷[M].北京: 教育科学出版社, 2011.324.

一段"发现思维"过程，比如在对一道例题或一条定理的讲解前，先让学生思考。课堂教学要开放一定空间，重点不在追求"标准答案"，而是启发学生的解题思路，使之善于独立分析，解决问题，培养发散思维，求同思维。只有在实际练习和实践活动中，激发学生的想象力，使学生的理论思维和经验思维达成统一，这才是我们所追求的创新教育。

2. 教学做合一

陶行知对教学的认为没有停留在教和学上，他又进一步提出了教学做合一。这不仅仅是一个提法的改变，而是将对生活教育理论的认识上升到了新的层面。

事情怎样做就怎样学，怎样学就怎样教；教的法子要根据学的法子，学的法子要根据做的法子。……"教学做"是一件事，不是三件事。我们要在做上教，在做上学。在做上教的是先生；在做上学的是学生。从先生对学生的关系说：做便是教；从学生对先生的关系说：做便是学。先生拿做来教，乃是真教；学生拿做来学，方是实学。不在做上用功夫，教固不成为教，学也不成为学。[1]（《教学做合一》）

教学做是合一的。因为一个活动对事说是做，对己说是学，对人说是教。比如种田这件事是要在田里做的，便须在田里学，在田里教。游水也是如此，游水是在水里做的事，便须在水里学，在水里教。再进一步说，关于种稻的讲解，不是为讲解而讲解，乃是为种稻而讲解；关于种稻而看书，不是为看书而看书，乃是为种稻而看书；想把种稻教得好，要讲什么话就讲什么话，要看什么书就看什么书。我们不能说种稻是做，看书是学，讲解是教。为种稻而讲解，讲解也是做；为种稻而看书，看书也是做。这是种稻的教学做合一。一切生活的教学做都要如此，方为一贯。否则教自教，学自学，连做也不是真做了。所以做是学的中心，也就是教的中心。[2]（《教学做合一》）

他通过《红楼梦》的片断生动地说明了什么是教学做合一。

"我也不是主张狭义的'做'，抹煞一切文艺。迎春姊妹和宝玉在荇叶渚上了船，跟着贾母的船撑向花溆去玩。宝玉说：'这些破荷叶可恨！怎么还不叫人来拔去？……'黛玉说：'我最不喜欢李义山的诗，只喜欢他这一句：留处残荷听雨声。偏你们又不留着残荷了。'宝玉说：'果然好句！以后咱们别叫拔去了。'这里也有行动，有思想，有新的价值产生——破荷叶变成天然的乐器！领悟得这一点，才不至于误会教学做合

[1] 顾明远，边守正主编.陶行知选集，第1卷[M].北京：教育科学出版社，2011.347.
[2] 顾明远，边守正主编.陶行知选集，第1卷[M].北京：教育科学出版社，2011.347.

一之根本意义。

教学做合一是生活现象之说明，即是教育现象之说明。在生活里，对事说是做，对己之长进说是学，对人之影响说是教。教学做只是一种生活之三方面，而不是三个不相谋的过程。同时，教学做合一是生活法，也就是教育法。它的涵义是：教的方法根据学的方法；学的方法根据做的方法。怎样做便怎样学，怎样学便怎样教。教与学都以做为中心。在做上教的是先生，在做上学的是学生。在这个定义下，先生与学生失去了通常的严格的区别，在做上相教相学倒成了人生普遍的现象。做既成了教学之中心，便有特殊说明之必要。我们怕人用"做"当招牌而安于盲行盲动，所以下了一个定义："做"是在劳力上劳心。因此，"做"含有下列三种特征：

（一）行动；

（二）思想；

（三）新价值之产生。[1]（《教学做合一下之教科书》）

最后，我们再来看一下陶行知用鲁滨孙漂流记里的例子再一次形象地展示了教学做如何合一。

一面行，一面想，必然产生新价值。鲁滨孙在失望之岛上缺少一个放水的小缸。一天烧饭，他看见一块泥土被火烧得像石头样的硬。他想，一块碎土既有如此变化，那么用这土造成一个东西，或者也能如此变化。他要试试看。他动手用土造成三个小缸的样子，架起火来把它们烧得通红，渐渐地冷下去，便成了三只坚固而不漏水的小缸。这里有行动，有思想，有新价值之产生——泥土变成水缸。这是做。这是教学做合一之做。

做是发明，是创造，是实验，是建设，是生产，是破坏，是奋斗，是探寻出路。

是活人必定做。活一天，做一天；活到老，做到老。如果我们承认小孩子也是活人，便须让他们做。小孩子的做是小发明，小创造，小实验，小建设，小生产，小破坏，小奋斗，探寻小出路。小孩子的做是小做，不是假做。

"假做"不是生活教育所能允许的。[2]（《教学做合一下之教科书》）

---

[1] 顾明远，边守正主编.陶行知选集，第1卷[M].北京：教育科学出版社，2011.347.

[2] 顾明远，边守正主编.陶行知选集，第1卷[M].北京：教育科学出版社，2011.425.

（四）生活教育中的教科书

教科书在生活教育中的重要性

陶行知非常重视选择什么样的教科书来教学。他反对那些旧的与脱离生活实际的教科书，强调没有教科书而空谈教育是没有用的。真正的生活教育必须重视工具。只有创造新的工具——生活的教科书，才能创造生活教育。

人的生活，必须有相当工具，才能表现出来。工具充分，才有充分的表现；工具优美，才有优美的表现；工具伟大，才有伟大的表现。"老八股"与"洋八股"虽有新旧之不同，但都是靠着片面的工具来表现的，这片面的工具就是文字与书本。文字与书本只是人生工具之一种，"老八股"与"洋八股"教育拿它当作人生的唯一工具看待，把整个的生活都从这个小孔里表现出去，岂不要把生活剥削得黄皮骨瘦吗？……中国教育所以弄到山穷水尽，没得路走，是因为大家专靠文字、书本做独一无二的工具，并且把文字、书本这个工具用错了。我们要想纠正中国教育，使他适应于中国国民全部生活之需要，第一就须承认文字、书本只是人生工具的一种，此外还有许多工具要运用来透达人之欲望；第三就须承认我们从前运用文字、书本的方法是错的，以后要把他们用得更加得当些。

精神与物质接触必定要靠着工具。工具愈巧则精神愈能向着物质发挥。工具能达到什么地方即精神能达到什么地方。……教育是什么？教育是教人发明工具，制造工具，运用工具。生活教育教人发明生活工具，制造生活工具，运用生活工具。空谈生活教育是没有用的。真正的生活教育必以生活工具为出发点。没有工具则精神不能发挥，生活无由表现。观察一个国家或一个学校的教育是否合乎实际生活，只需看它有无生活工具。倘使有了，再进一步看它是否充分运用所有的生活工具。教育有无创造力，也只需看它能否发明人生新工具或新人生工具。中国教育已到绝境，千万不要空谈教育，千万不要空谈生活；只有发明工具，制造工具，运用工具是真教育，是真生活。[1]（《生活工具主义之教育》）

另一篇《读书与用书》，他以戴东原的例子向我们展示了教师应该如何使用教科书。没有过多的理论分析，简单的故事让人一目了然。

书只是一种工具，和锯子、锄头一样，都是给人用的。我们与其说"读书"，

---

[1] 顾明远，边守正主编.陶行知选集，第1卷[M].北京：教育科学出版社，2011.343.

不如说"用书"。书里有真知识和假知识。读它一辈子不能分辨它的真假。可是用一下，书的本来面目便显了出来，真的便用得出去，假的便用不出去。

……

书既不可以全信，那么，应当怀疑的地方就得问。学非问不明。

东原先生十岁才能开口讲话。《大学》有经一章、传十章。有一条注解说这一章《经》是孔子的话，由曾子写的；那十章《传》是曾子之意，由他的门徒记下来的。东原先生问塾师怎样知道是如此。塾师说：朱文公是这样注的。他问朱文公是何时人。塾师说是宋朝人。他又问孔子和曾子是何时人。塾师说是周朝人。"周朝人离宋朝有多少年代？""差不多两千年了。""那么，朱文公怎样能知道呢？"塾师答不出，赞叹了一声："这真是个非常的小孩子呀！"[1]（《读书与用书》）

陶行知认为判断一本书是"活"的书籍还是"死"的书籍的标准，在于考察著书人的思想和经验是否高尚，是否与人生有关。据此他批判传统的教科书是"死"的书籍，不是"活"的书籍。因为编写教科书的人是专家、学者，而非教学一线的老师。编写教科书的人没有在学校中不是非常了解，因此主张编写贴近生活的、贴近自然的教科书。这样的教科书才具有驾驭生活、驾驭社会的力量，而不仅仅是充当"认字的书"、"读文的书"，只教给学生读、写、算知识，而不会生活，不会做事。书应该作为一种教育学生如何生活的工具。当然，如果过度追求工具性而忽视人文性，那就是矫枉过正。问题在于，现在的教科书的确还存在着脱离生活实际的状况，陶行知对于教科书编写的意见在今天看来，还是有其可取之处的。学校课程不能固囿于几本教科书中，应该提高教科书的实用价值。以文字为中心的教科书就提高文字本身的生活内涵，非以文字为中心、活的教科书可以适当考虑增强有关实际生活的锻炼内容。陶行知还提出了一个可资借鉴的编写原则，就是围绕现代社会的生活以及该有的力量来编写教科书，以达到通过教科书也可以培养学生生活能力的目的，从而使社会、学校、家庭三者的生活教育合力达到最大、最优。

我们对于书的根本态度是：书是一种工具，一种生活的工具，一种"做"的工具。工具是给人用的；书也是给人用的。……

中国的教科书，不但用不好的文字做中心，并且用零碎的文字做中心，每课教几个字，传授一点零碎的知识。学生读了一课，便以为完了，再也没有进一步追求之

---

[1] 顾明远，边守正主编.陶行知选集，第2卷[M].北京：教育科学出版社，2011.177.

引导。

教育好比菜蔬，文字好比是纤维，生活好比是各种维他命。以文字为中心而忽略生活的教科书，好比是有纤维而无维他命之菜蔬，吃了不能增长体力。中国的教科书，是没有维他命的书。……它没有生命的力量。它是创造、建设、生产的最大的障碍物。它叫中国站在那儿望着农业文明破产而跳不到工业文明的对岸去。

教学做指导编得对不对，好不好，可以下列三种标准判断它。

（一）看它有没有动作的力量，看它有没有引导人干了一个动作又要干一个动作的力量。

（二）看它有没有引导人思想的力量，看它有没有引导人想了又想的力量。

（三）看它有没有引导人产生新价值的力量，看它有没有引导人产生新益求新的力量。

既是这样，那么我们可以说：不做无学；不做无教；不能引导人做之教育，是假教育；不能引导人做之学校，是假学校；不能引导人做之书本，是假书本。在假教育、假学校、假书本里自骗骗人的人，是假人——先生是假先生，学生是假学生。假先生和假学生所造成的国是假国，所造成的世界是假世界。[1]（《教学做合一下之教科书》）

最后，我们来看一下晓庄师范的教学活动，来更深入地理解陶行知先生的教学做合一的思想。

晓庄师范学校根据"教学做合一"的原则组织学校生活。这与旧的师范教育观念截然不同。旧的师范教育把师范生关在学校里培养，将学理与实习分为两件事。师范生先受了二年半的普通训练，到了最后半年开始实习，毕业以后方才是真的做教师。这种先理论后实习的教育方法呈现的突出问题是教学分割，好比早上烧饭晚上请客。除非让客人吃冷饭，否则必须把饭重新加热。显然，这种把一件事分为两截的教育方法既耗费时间又损害效果。而晓庄师范的学生开始就教儿童，学生们是在真切的和有指导的环境下教学做合一，一面做先生，一面做学生。这是陶行知在师范教育方面的创举。

"教学做合一"具体表现在晓庄师范学校的课程活动与教学安排上。

晓庄师范是一所别开生面的学校，招生广告上明确写道："小名士、书呆子、文凭迷，最好不来。"这说明晓庄师范是和传统学校有很大区别的。他提出"社

---

[1] 顾明远，边守正主编.陶行知选集，第1卷[M].北京：教育科学出版社，2011.434.

会即学校"这一原则就是要把教育从鸟笼里解放出来,就如把笼中的小鸟放到天空中,让他们能自由翱翔,教育的世界是整个社会生活,是培养学生的生活力和创造力。他提出"社会即学校"如同"生活即教育"一样,是从批判传统教育和推行大众教育为出发点的。在他看来,中国的传统学校像鸟笼一样,把学生圈在一个狭小的范围里与社会生活隔绝,他的生活教育就是要打破这样的隔绝,把学校的一切伸张到大自然里去,深入到社会生活中去。

晓庄这个学校也无上下课制度,其全部课程都包括在中心小学活动教学做、分任院务教学做、征服自然教学做、改造社会环境教学做和学生自动教学做之中。其中中心小学活动教学做是晓庄师范学生的首要课程。自晓庄师范办起来,晓庄中心小学、二兀庵中心小学、吉祥庵中心小学、万寿庵中心小学等晓庄附近一所所乡村中心小学相继开办起来。这些中心小学和师范学校的关系严格遵循"做"为中心的原则:师范部是"后方",中心小学是"前方","后方"服从"前方"。此外,值得关注的是:中心小学虽然是个学校,却没有一套完整的教材。那么教师怎么教,学生怎么学呢?方法很简单,即"教学做合一"。图书室里备有各书局出版的小学教科书,以及各种儿童读物,师生利用图书室进行教学做。

陶行知完全围绕"教学做合一"的原则来组织课程学习。依据课程设置的五个方面,首先对试验中心小学的教学做活动进行了有效的尝试。在美国留学时,葛雷学校的二部轮换制曾给陶行知很大的启发,对于晓庄师范学校的课程学习,他也参照葛雷制来组织。在拟定晓庄小学师范学校简章草案时,陶行知就定下了以中心学校为课程学习中心的原则。具体方式是:以晓庄师范学校的本部作为"后方",中心小学作为"前方",学生入学以后先在本部学习一段时间,随后就被分派到中心小学参与学校一线的校务、教学等各项教学做活动,这在晓庄被称作"出发前方"。起初时间为两周,后来逐渐延长至三个月。"前方"的学生要在指导员的指导下,学习如何组织教学做活动、如何建立学校、怎样管理等。与此同时,学校后方的师生每周都要到前方中心小学举行一次"教学做讨论会"。前方人员在讨论会上汇报一周内的所有活动情况,后方人员听取汇报并检查各项工作的开展情况,然后交换意见与交流经验,以提高办学水平。